9時を過ぎたらタクシーで帰ろう。

一流の人だけが知っている
「逆説」の思考法

中山マコト

きずな出版

社会の常識、会社のルール、上司の都合、
クライアントのわがまま……
さまざまな呪縛にがんじがらめにされて、
「自分の能力を
発揮できない」
と感じているあなたへ――。

Prologue—

超一流は、夜9時を過ぎたらタクシーで帰る

「9時を過ぎたらタクシーで帰ろう」

いきなり何を言っているんだ？　と思った方もいらっしゃるでしょう。

最初に結論を言ってしまいますが、これが成功の秘訣です。正確には、このような「考え方」が成功のためには必要だということです。

それを本書では、「一流の人だけが知っている『逆説』の思考法」と定義します。

さて、あらためまして、こんにちは。中山マコトと申します。

まずは簡単に自己紹介させていただきますが、私は2001年に、それまで勤めていた市場調査会社を辞めて独立、フリーランス生活をスタートしました。現在は広告・販促プランナー、

コピーライターとして、多くの国内外の有力企業をクライアントとして手がけています。

そんな私ですが、**自由な人生を維持するために、常に意識・実践していることが本書のテーマでもある「逆説」の思考法です。**つまり、本書は私の16年間のフリーランスとしての「マインドセットの集大成」とも言えるわけです。


「……話はわかった。で、結局なんでタクシーで帰るの？」

という声が聞こえてきましたので、ご説明します。

まず、私は外食が好きです。ランチだけでなく夕食もほぼすべて外食です。お酒も大好きで、気の置けない仲間とお気に入りの店で過ごす時間は、私にとって大切なものです。年間300日は、外で食べたり飲んだりしています。

そして、本書のタイトルの通り、夜9時を過ぎたら本当にタクシーで帰ります。

「稼ぎが多いからそんなことできるんですよ！　普通は無理！　自慢しないでください！」

……いえいえ、違います。

私はまだまだ安月給のサラリーマン時代から、夜9時を過ぎたらタクシーで帰るようにしていました。

どうしてか？　理由は簡単です。

翌日の朝、気持ちのいい状態で目覚め、大事な仕事を一気に効率よく片付けるためです。

考えてみてください。夜の９～10時を過ぎた電車は例外なく混んでいます。いくら大好きな仲間と、気心の知れた友人と楽しい時間を過ごしても、満員電車の中で酒臭い空気を吸ってしまうと、その日の幸せな時間が一度に吹っ飛んでしまいます。

ですから、気持ちのいい状態で朝を迎えるには、タクシーで帰るしかなかったのです。

もちろん、安月給時代の金銭的な負担は大きかったです。でも、妻にはきちんと理由を話して納得してもらいましたし、上司に掛け合い、納得してもらい、伝票を通してもらったこともしょっちゅうありました。

要は、**頭がクリアな朝の時間の生産性を、お金で買ったということです。**

結果、私の成績は順調に上がり、昇級もしたしボーナスも増えました。

仲間たちと会社を創って役員をやるようになった30代の後半くらいからは、自腹でタクシー代を支払えるようになりました。

もうおわかりだと思いますが、タクシーで帰ることが目的ではありません。

自分の能力を最大限に発揮して会社や組織に貢献したいと思うなら、それを阻害するボトルネックは、自らの努力と行動で取り除こうということなのです。

悪い環境に甘んじて愚痴や文句を連ねても、何も変わらないし、いいことはありません。だとしたら自ら環境を変える動きをしよう。

これが結論です。

さて、本書にはこのような超一流の「逆説」の思考法が、あと62個、ちりばめてあります。常識を疑うことの重要性、慣例から抜け出す勇気……少し過激な表現も含まれますが、それもまた楽しみながら読み進めてください。

読み終わったころにはきっと、考え方と行動が変わっていることでしょう。

それでは第一の思考法、「眠りにつく10秒前、脳はあなたからの指令を待っている！」からスタートです！

Chapter 1 脳よ、目覚めよ！

Chapter 2 成果を、勝ち取れ！

Chapter 3

常識は、疑え！

Chapter 4 慣例を、抜け出せ!

Chapter 5

同志を、つくれ！

Chapter 6

スキルを、得よ！

ブックデザイン　池上幸一
協力　Dream Maker

脳よ、目覚めよ！

Chapter 1

01

眠りにつく10秒前、脳はあなたからの指令を待っている！

「潜在意識」という言葉があります。

多分あなたもご存じのはずです。しかし、その潜在意識を充分に使いこなし、取り入れ、ビジネスと人生に活かしている人はほとんどいません。

潜在意識は待っているんです。あなたから、指令の声がかかることを。

具体的に説明しましょう。

心臓が常に脈を打っているのと同様に、人間の脳も常に活動しています。

自分でコントロールしているものを「顕在意識（表層意識）」、睡眠中などのように自分ではコントロールしていないものを「潜在意識（無意識）」と呼びます。

たとえば、家を出て数歩進んだとき、ふとカギをかけ忘れた気がして玄関に戻ったら、ちゃんとカギがかかっていた、という経験はありませんか？

自分で意識していなくてもルーティンの動作はおこなえます。

これが「潜在意識＝無意識」です。

自宅から最寄り駅まで歩くときも同じです。いちいち「角のコンビニを曲がり、二つ目の交差点で横断歩道を渡る」などと、考えてはいませんよね。ルートを意識していなくても自然と足が動くのは、潜在意識が働いているからです。

人間の脳は優秀です。無意識でもきちんと活動してくれるのですから、これを活用しない手はありません。

私のオススメは就寝10秒前の〝ある儀式〟です。

私は朝イチに、その日に一番重要なことを考えたり、決めたりします。一番重要なこととは、たとえばクライアントから依頼されていたキャッチコピーの仕上げ段階、次に出る本の書き出しの一行、友人から頼まれていた新しい商品のネーミングなど……。

それらの答えを的確に、効率よく導くためにおこなうのが、潜在意識との二人三脚、つまり就寝前の儀式なのです。

眠っているとき、意識的な思考は停止しますが、それまで考えていたことは潜在意識に伝わります。**あなたがぐっすり眠っている間に、あなたの脳は眠る直前にイメージした大事な仕事のことを考え続けてくれるのです。**

少し話はズレますが、子どものころ、夢の中で好きなアイドルに会いたいからと枕の下に写真を入れて寝たことはありませんか？

これはおまじないでも何でもなく、眠る直前までアイドルのことを考えることで、文字通り、寝ても覚めても夢中になる状況をつくっていたわけです。そこに意識が向くわけですね。

就寝10秒前の儀式とは、自分の脳に「寝ている間にこれを考えておいてね」という指令を与えていることにほかなりません。私は眠りに入る前に、必ず大事な仕事のことをメモに書き、それを枕元に置いて眠ります。

酔っ払ってメモを書く余裕のないときも、少なくとも脳に〝具体的な指令〟を出してから眠りにつきます。そうすると、あら不思議。目が覚めたときにピコーンと抜群のアイデアが浮かんでいることがほとんどです。これ……本当です。

就寝中の脳は、過去にインプットした膨大な記憶のストックを常に検索しています。

そもそも脳はとても几帳面。モヤモヤを嫌い、スッキリした状態を求めます。ですから、指令さえ出しておけば、潜在意識がテーマに合った分野を優先的に整理してくれます。

「酔っ払っているときは効果がないのでは？」と言われるのですが、関係ありません。どんなに酔っていても、無事帰宅できるのは潜在意識が働いているからです。

それと同じで就寝10秒前の指令は、じつに有効なのです。

これを習慣化すれば、夢でアイドルに会うよりも高い確率で、仕事のアイデアが湧き出てくるようになりますよ。

逆説の思考法 アイデアは寝ている間にも降ってくる！

02

“アサイチ仕事術”のススメ

朝、新聞を読むのは当たり前だと思っていませんか？

それ……できれば明日からやめてしまいましょう。

「え？」と思いましたか？　そうですよね。こんなこと、親も上司も先輩も誰も言いませんから。でもこれ……騙されたと思ってやってみると、あなたのビジネス人生を変えてしまうくらいの威力があります。

たしかに朝礼のスピーチや立ち話には、新聞の時事ネタが向いていますし、上司に「新聞くらい読め」と言われてがんばっている人もいるでしょう。発行部数が激減しているとはいえ、依然、新聞は大きな影響力を持つメディアです。

でも、私は朝、新聞を読む習慣をやめました。

もちろんテレビも見ませんし、インターネットにも接続しません。

なぜか？　最も脳みそがクリーンな状態で、一日のスタートを切るための判断、決断、思考をしたいからです。

朝目覚めたときの脳はリセットされて、一番クリアな状態だと言えます。

「さて、なんかテーマをくれよ！」と待ち構えてくれているのです。

そこに、**日常の雑事やゴシップ、必要外の情報を入れるのは愚かです。**

朝はアウトプットの時間に最適です。

私は本を書くのも、コピーを考えるのも、脳がクリアな朝と決めています。

それが最も効率的でいい仕事ができるからです。

昔から「早起きは三文の徳」と言います。ただ早起きするのではなく、新しいアイデアやプランを考えたり、創造性の高い仕事をしたり、朝に向く活動をしてみましょう。三文以上の徳があるかもしれません。

朝の脳が最高のパフォーマンスを発揮することは脳科学でも明らかになっていますから、騙されたと思って明日の朝から挑戦してみてください。

新聞、テレビ、ネットに向かうのはそれからで充分です。

「朝のうちに新聞を読まないと、話題についていけなくなりそうで心配」

このように思う人もいるかもしれません。

私は朝に新聞を読む習慣を10年以上前にやめましたが、何も困ることはありません。

情報は新聞以外からも入ってくるし、必要であれば新聞を買えばいいだけです。

習慣に使われることをやめ、習慣そのものを組み立て直す。その中にすばらしいヒントがたくさん隠されているのです。

逆説の思考法

新聞は読まなくていい

03

迷子になろう

勤務先や得意先に行くとき、いつも同じ道を使っていませんか。

でも、たまには「ダッチロール＝迷子」を楽しんでみてください。

いつもの歩き慣れた道を使うのは安定です。でもその分、新たな刺激や発見との出合いがなくなります。これ……もったいないんです。

道は一本変えるだけで、劇的にいつもとは違う景色や情景を見せてくれ、その度、新たな船出を演出してくれます。

それはそのまま〝新しい情報〟であり、〝思考のヒント〟です。

事実、私は、ある販促企画でウンウンと悩んでいたとき、いつもとは異なる道を通った際に目にしたお店の看板から企画を思いつき、突貫工事で仕上げた企画で数百万円の仕事を受注したことがあります。

これはいつもの道を使っていたのでは絶対になかった成果です。

しかも、街は、景色は日々変化します。

歌手・槇原敬之さんの『一歩一会』という曲がありますが、まさにそれ。

無機質な道を毎日歩いていた人が、季節感溢れるプラタナス並木を歩くだけで、いくつものヒントを得ることも珍しくはありません。

「あ、こんなところにこんな店があった！」という出合いや、「あの会社の本社ってここだったんだ！」という巡り合いもまたしょっちゅうです。

とはいえ、無理に毎日違う道を探す必要はありません。

たまにでもいいので、少しだけいつもと違うことをやってみましょう。

その**刺激の積み重ねが、思考を柔らかくしてくれます。**

「わざわざ道草をくうなんて、時間がもったいない」と思うかもしれませんが、少々回り道をしたところで数分から十分程度の差です。

少しだけ早起きをして、その分、新しい何かと出合えるのなら、そちらを採ってみるのも悪くはないと思います。

何度も言いますが、街は情報の宝庫であり刺激のギャラリーです。

見慣れた風景の中、黙々と歩く10分間よりも、いつもと違う景色を見ながら情報収集して歩く15分間のほうが、よほど豊かです。

明日は思い切って新しい道を歩いてみませんか？

逆説の思考法

通勤の道を変えよう

04

「キョロちゃん」になれ！

「ダウジング（Dowsing）」という言葉があります。あまりなじみのない言葉かもしれません。ダウジングとは、地下水や貴金属の鉱脈など隠れたものを、棒や振り子などの装置の動きによって発見できるという手法のこと。

〝キョロちゃんになれ〟というのは、まさにこの〝脳のダウジング能力〟を使って、新しい情報を取り入れることにほかなりません。

いい大人がキョロキョロすることは恥ずかしいと思うかもしれませんが、私は全然恥ずかしくありません。むしろキョロキョロこそが重要だと思っています。街は日々変化していますから、周囲を見渡すだけで、たくさんの情報を得ることができます。

「最近この手の看板をよく見かけるな。ブームが来るかも」

「立地がいいのにテナントが定着しない。何か問題がありそう」

「ものすごく目立つポスターだ。配色もネーミングのセンスもいいし、コピーも秀逸！　真似できるな！」

こういった情報は、アイデアや企画を考えるための素材になります。

「ＡＫＢ48」の仕掛人として知られるヒットメーカー・秋元康さんは、「どうしたら10代・20代の女の子にぴったりの歌詞を、続けざまに書けるのですか？」という質問に対して、「**普段からいいなと思うフレーズや言葉を見つけたら、架空の背負いカゴにどんどん入れて、必要なときにそこから取り出している**」と語っていました。

秋元さんほどの人でも普段から素材集めをしているのかと驚きましたが、じつは私も同じことをしていて、普段からいいなと思う言葉は、脳の中にある引き出しに収納しています。

これを私は「**言葉のコレクション**」と呼んでいます。

私は基本的にメモを取りませんが、それは〝本当に重要な情報なら、必要なときに思い出すだろう！〟と考えているからです。

必要なときに出てこない情報は、なくて構わないのです。

もちろん引き出しにしまったまま、ずっと使わない言葉もたくさんありますし、出そうと思っても引き出しが引っかかって開かないままの場合もあります。

でもそれは仕方ない。言葉のほうが出たがっていないということなのです。

歌詞もコピーも「言葉の組み合わせ」ですから、語彙力《ごいりょく》が豊富なほうが多種多様な組み合わせを考えることができ、結果としてすばらしい作品ができあがります。だからとりあえずストックしておく。この〝とりあえず感〟というか、気軽な感じが重要だと思います。

アイデアも同様です。たくさんの素材がなければ、バリエーションが生まれませんし、心に響くいいアイデアは生まれません。

「情報収集はインターネットで充分」という人も少なくないでしょう。

たしかにインターネットは便利ですが、得られる情報はオリジナルではありません。誰かが加工した情報です。検索すれば、誰でも等しく入手することができます。

そんな他人のフンドシで集めても、いいアイデアは生まれません。情報は自分の五感を使って集めるしかないのです。

オススメは、「何もしていない時間」を「キョロキョロする時間」に変えること。

たとえば、一日あたり5回くらい電車に乗るとしましょう。一回の待ち時間を5分間とすれば毎日25分間は電車待ちに充てていることになります。さらに1分間の信号待ちを10回で10分間。2分間のエレベーター待ちを5回で10分間。電車の時間調整などで15分間。

足し合わせると一日60分間は〝何かを待っている〟わけです。

この時間はいかにも中途半端で、何かじっくりと考えたり、書いたり、本を読んだりという時間には充てられません。でも……もったいない。

だからこそ、キョロキョロする時間に充てましょう。

アイデアの素材集めの時間を格段に増やすことができますよ。

逆説の思考法

アイデアは〝とりあえず〟集めておく

05

SNSは邪魔者です

Facebookなどのsnsを活用している人は多いと思います。私も使っています。

そこで、質問。

本当にSNSは必要ですか？　ないと困りますか？

おそらく「困る！」と言う人がほとんどでしょう。

SNSと上手に距離を置いている人はいいです。でも、そうではない人にとって、SNSはあまりに毒性が強いと言えます。

たとえば「昨日の記念日ディナー美味しかったー」と、写真とともに投稿します。

期待していないふりをしながらも「いいね！」の数が気になりませんか？　せっかくのお祝いごとだったのに、友達からの反応が少ないと寂しくなりますよね？

同時にコメント欄も気になりませんか？

「おいしそう♪」「記念日おめでとう！」といったコメントならともかく、「高級レストランで写真とか超迷惑」「出た、セレブ自慢」などとディス（批判）られようものなら、もはや立ち直れないくらいの気持ちになりませんか？

そもそも、SNS上では友達の数が多いとエライみたいな、妙なものさしがあります。友達やつながりで成り立つ世界観ですから。友達が多いほうが「いいね！」も増えて、受け入れられている気分になれるのでしょう。でもそれって、友達に何かをしてもらう気満々、受け身の姿勢です。友達に期待するだけで自分らしさも主体性もありません。

友達が少ないと恥ずかしい、友達からの反応があってもなくても傷つく、そういう打たれ弱い人はSNSを無理に続ける必要はありません。今すぐやめましょう。

SNSなんて、なくたって困りません。それからSNSに仕事や勉強を邪魔され、支配されている人たちも「SNS断ち」をしましょう。

逆説の思考法

振り回されるくらいなら、SNS断ちをしよう

SNSはよくできています。自分の投稿に反応があったり、ダイレクトメッセージが届いたりすると通知がきます。仕事をしていてもピコッと通知が入ると、SNSを開きたくなってしまう。**SNSにはそんなふうに人間の思考を中断し、こちらの意識をSNS側に振り向かせる仕掛けが山ほど入っています。**それに振り回されてはいけません。

SNSはたしかに便利です。友人知人との連絡に活用している人も多いでしょう。ツールとしてSNSを使うのは問題ありません。

しかし、SNSに使われてはいけません。主体はあくまで自分。どこまで行っても主導権は自分が握るのです。SNS流の価値観に邪魔されることなく、自分らしく情報を発信できている人は大丈夫。これからもSNSを楽しんでください。

06

ランチタイムは、観察タイム！

「中山さん、ランチくらい自分の好きにさせてよー」

そんな声が聞こえてきそうです。

でも、どんなランチにするかであなたの人生が変わります。

有意義なランチタイムを過ごすために、コンビニ弁当や手製の弁当ではなく、ぜひ外食をしてください。

飲食店は、ビジネスヒントの宝庫です。

スーパーマーケットや書店、コンビニといった物販店と比べて、飲食店はスタッフとの距離が近く、直接会話する機会も多いので、たくさんの重要なことを感じ取ることができます。数々の実になるシーンに遭遇します。本音に溢れる会話を耳にすることができます。実際、二度と来るかと思うくらい腹が立つこともあるし、最高にいい気分になれることもあります。

ただ、あなたにお願いがあります。

どんなときも、必ずトレース（振り返り）して欲しいのです。

「なんか腹が立った！」「もう来ない！」ではなく、「どうして腹が立ったんだろうか?」「何が理由で気分が悪くなったのか?」、そこを必ず突き詰めるようにしましょう。

逆に楽しかった、嬉しかった場合も同様です。

「どうして楽しいと感じたのか?」「何がこうまで気分をあげてくれたのか?」、その理由をしっかりと確認してから、店をあとにするようにします。

これをやることによって、人間の心の動き、感情のメカニズムが理解できます。

それはそのまま、「あなたがビジネスで絶対に心がけるべきこと」であり、「絶対にやってはいけないこと」です。

私の場合、この経験から得たストック情報だけで、飲食店のコンサルティングができてしまうくらいです。

何をトレースすればいいのかって？

たとえば、刺身のツマだけが残っている皿を黙って持っていかれた経験はありませんか。たしかにツマを残す人は多いけれど、ツマも立派な料理です。私は必ず食べます。それなのにサッと下げられてしまったら？　たった一言「お下げしてよろしいですか」と言ってくれればよいのに、黙って下げられたら腹が立ちます。

なぜ腹が立つのか。そもそも私は食べものを粗末にすることが嫌いですし、無言で下げられたことは何より不愉快です。私に確認しないということは、私の気持ちを尊重しない、私という存在を認めていないということ。つまりは無視です。

ちょっと厳しい言い方になりましたが、問題の本質はここにあります。

相手の存在を認め、尊重する姿勢がなければ、いくらマニュアルに「皿を下げる際にはお客さまに確認すること」と書いてあっても意味がありません。

接客レベルが高い店はよく観察していて、箸の進み具合や皿の位置などから食べ終わったかどうかを見極めています。慌ただしい昼どきでも対応がいいと、「今度は夜、ゆっくり飲みに来よう」と思ってしまいます。

飲食店には考えるヒントが山ほどあります。

ぜひアンテナを張り巡らせて外食を楽しんでください。

「ランチタイムくらい、ボーッとして過ごしたい！」と思っているあなた。

本当に仕事を忘れて過ごせていますか？

午前の会議を思い返したり、午後の段取りを考えたり、結局は仕事のことが頭から離れないのではないでしょうか。

そんな中途半端なことをするくらいなら、思考をスパッと切り替えましょう。

店内を観察しながら想像を巡らせるほうが、よほどリフレッシュになりますよ。

逆説の思考法

ランチにお弁当は禁止

07

ゴールは目指すな！　駆け抜けろ！

数値目標や達成目標を掲げます。ほぼ例外なく、あなたもそうだと思います。目標＝ゴールですが、ゴールは決して終わりの地点ではありません。**達すれば必ず次のゴールが現れます**。ゴールにこだわり、そこだけを目標にすると燃え尽きやすいし、なによりゴールが近づいた時点で減速しないといけません。おかしいですよね？　ゴールは終わりではありません。

たとえば、マラソンを考えてみましょう。フルマラソンの総距離は42・195キロ。気が遠くなる距離ですが、一流のランナーはその距離を走ることは目標にしません。毎日、50キロ、70キロと走り込み、しかも高地トレーニングまでして鍛錬します。

打ち抜け！

42・195キロを軽やかに走り抜ける余力がついて、初めてレースに挑むことができるし、優勝争いができる訳です。指定された距離を走ればいいのは、趣味の世界。

ビジネスは違います。毎年毎年、予定数字にピッタリの着地をしていたのでは何の地力もつきません。余力を持って駆け抜けるチカラを持たなければいけないのです。ゴールはあくまでも通過点と考え、駆け抜ける意識を持つだけで、ゴールはまったく違った価値を持ちます。

空手やボクシングなど、打撃型の競技では、「打ち抜く」という表現があります。パンチや突き、蹴りは相手のカラダに当たったところが終わりではなく、相手のカラダを打ち抜くように、**カラダの向こうまで抜けるように打って初めて効果が最大化するということです。**

ゴールもそれと同じです。終わりととらえず、一気に駆け抜ける通過点と考える。

そうでないと、ゴールに到達する前に減速することになります。走り抜けるからこそ、トップスピードが維持できるのです。駆け抜けるもの……それがゴールなのです。

成果を、勝ち取れ！

Chapter 2

08

見積書は最初に提示しよう!

誰かが誰かに仕事を依頼する場合。

重要なことはいくつもありますが、その中でもとくに重要なもの。

それは予算（見積もり）ではないでしょうか?

金額がフィックスしなければ依頼はできませんし、受ける側だって困ります。それなのに私の経験から見てどうにも納得できない、腑に落ちないことがあります。

それは、「予算＝見積もり」を、最後に出すという点です。

今、「え!?」という、あなたの声が聞こえました。

そう、おかしな常識が蔓延《まんえん》しているのです。

営業マンと会話していても、なかなか金額を言わない人、多いと思いませんか？

出し惜しみというか、とにかく引っ張る、そして最後に金額を提示する。

そこで決まりかけていた話がひっくり返る……よくある話です。

企画書でも同様です。

見積もりを、何となく企画書の終わりにつけていませんか？　これ、やめましょう。

理由は簡単で〝**金額が合わなければ、どんな提案も無駄になる**〟からです。

私はマーケティングや販売促進の企画を提案する際、必ず金額を最初に伝えます。

「このプロジェクトを私がお受けした場合、多少の誤差は出るかもしれませんが、400万円くらいでいけると思います」

といった具合です。

この時点で、クライアント側がイメージしていた金額とあまりにも乖離《かいり》が大きかった場合、その企画が陽の目を見ることはありません。

仮に、金額の合意を取らずに進めたとして、最後に金額を示すとしましょう。

その段階で「まったく話にならん!」ってことになったらどうでしょう。参加者全員の貴重な時間を奪うことにもなるし、何よりも互いに大きなストレスが残ります。

企画の内容に、相手が大いなる興味を示していたとしたらなおのこと。「ふざけんな!」と椅子の一つも飛んできたり、テーブルがひっくり返っても仕方ないですよね?

だからこそ、金額は最初に提示する。

そして合意が取れれば、それ以降は胸を張って説明できる。そういうことです。あたりまえのことですが、金額の出し惜しみは絶対にやめましょう。

逆説の思考法

金額は言いづらくても先に言う

09

「持ち帰って検討します」は、信用を失う魔法の言葉

持ち帰っちゃダメです。ん？　何を？

もちろん、**返事・解答**です。

理由は大きく分けて二つあります。

一つは、あなたが持ち帰ると言った場合、相手から見ると、「**決定権のない小者**」と感じられてしまうこと。「だったら最初からちゃんと決められるヤツをよこせ！」と思われます。そう感じた瞬間にテンション低下です。これでは、まとまる話もまとまらないですよね？

それからもう一つ。

こっちのほうがじつは大きいのですが、「**スピード**」です。

今はスピードの時代。

余談ですが、つい先日、私は初めてネット印刷のプリントパックを利用しました。これがなんとも速い。インターネットを通じてのやりとりだけで、あっという間に印刷が進んでいく。申し込んだ翌々日には、大阪の発送先に2000枚の4色フルカラー両面刷りのチラシが納品されているのですから、これはもう驚異。旧来の印刷屋さんは本当に大変だと痛感しました。

で、スピードの話です。

あなたがもし「持ち帰って検討します!」や「持ち帰って、上司に相談してからお返事します!」と言った場合、相手はどうするか?

普通、クライアントはそこで「ほかを当たる」んです。

仮に金額(見積もり)の話だとしたら、あなたから出てくるはずの金額を精査するためにも、必ずと言っていいくらい、ほかにも見積もりを依頼したりします。

先ほどのプリントパックの件ではないですが、今はいくらでも「見積もり無料」「1時間以内」「その場ですぐにネットで解答!」などというサービスが溢れかえっています。

そこから出てきた見積もりと、あなたからの見積もりを合わせて見たりする訳です。

どうでしょう？　これをやられてあなたは勝てますか？

少なくとも、あなたから出てきた見積もりよりも低い金額の会社があったとしたら、すんなりとは決まらなくなります。仮に他社があなたの出した金額よりも低かった場合、確実に値下げ・値引きを要求されます。これ……最悪でしょう？

たった一言の、「持ち帰って……」が、これだけのデメリットをもたらすのです。

だから、持ち帰るという無駄なことをせずに、その場で解答ができたり、最悪でもその場で上司に連絡をして決済を取るとか、そうした〝仕組み〟を用意すべきです（もちろん高額な案件とか、どうしても即答できかねるケースもあるのでそこは臨機応変に）。

逆説の思考法

持ち帰るな！

10

「三つのT」時間術！

私は基本的に午前中しか、考える仕事や書く仕事はしません。
もちろんごくまれに例外はありますが、ほぼその通り実行しています。
「あなたはフリーランスの著者だからそれができるんですよ！　特別でしょ？」
まあそう言わずに、少しだけお付き合いください。
朝一番の脳みそがクリアな時間に、私は大切なことを書いたり考えたりを終えます。
これを「アウトプット（ＯＵＴＰＵＴ）」と呼び、一つ目のTと位置づけています。
次に、午後になると食事も兼ねて出かけます。

人と会ったり、いろいろな店や施設を見たり、本を読んだり、映画を見たり、街を歩いたり、打ち合わせをしたりします。

これが、「インプット（INPUT）」の時間です。二つ目のTです。

そして、夕方の6時半を過ぎると、一切の仕事、打ち合わせはしません。仲のよい友人や行きつけのお店の人と、最高の時間を過ごします。仕事モードになったアタマを、プライベートモードに戻す時間（ちなみに、ここからがタクシーで帰る時間です）。

つまり、「リセット（RESET）」の時間です。これが三つ目のTです。

私はこの、

①「OUTPUT」
②「INPUT」
③「RESET」

という三つのTによるサイクルを、何よりも大事にしています。

この切り替え・リズムが、私の生産性を最大化してくれるというのがわかっているからです。

もちろん例外はありますが、基本は守ります。

外圧には負けません。

たとえば、緊急にどうしても断れない原稿書きの仕事が入ったとします。

普通は「じゃ、午後からやるか！」となります。

でも私の場合それはしません。

午後に食い込ませると全部が狂うからです。

ではどうするのかというと「**早起き**」です。

普段は朝8時くらいから書きものを始めますが、突然の仕事の場合は朝6時から始めます。

早く起きて、早くスタートすればよい……それだけのことです。

アウトプットは午前中と決めているのだから、それは当然なのです。

このように、自分のリズムを変えないことは重要です。

もちろん私のようなやり方は、一般的な勤め人には難しいという見方もあるでしょう。しかし、どんな環境にあっても自分なりの工夫は必ずできるのです。

たとえば、その日に判断しないといけない重要な案件があれば、
・まずは朝目覚めた瞬間の脳がクリアなときにそれをやっておく
・人と会う仕事は極力午前中には組み込まず、午後に集中させる
などの工夫です。

「どうせ無理」と決めつけるのではなく、何か自分でできることを探してみましょう。
そうするところから、幾多の新発見や新たな価値は生まれてくるのです。

逆説の思考法

外圧に自分のリズムを振り回させない

11

タイトル名人が勝利をつかむ！

世の中の企画書のほとんどは、タイトルで損しています。タイトルを考える前に自分が〝企画書や提案書を受け取る立場〟になって考えてみてください。

「○○に関するご提案」

というタイトルの書類と、

「業界No.1企業の社長が思わず『いいね！』と言ったマル秘企画がこれ！」

というタイトルの書類、どちらを読んでみたいと思いますか？

言うまでもありませんよね。これがすべての答えです。

タイトルは、そのあとに続くコンテンツに対する期待感を生み出すもの。

タイトルでワクワクさせられなければ、中身を読んでもらえない可能性さえあります。読んでいるフリをしても、実際にはスルーという場合も多いです。タイトルは通り一遍の単語を並べるのではなく、**〝強烈すぎるくらい刺激的〟**なほうがいいのです。

さらに表紙をめくって、最初に目に入る文章も大切。

「なんだ、この書類は？　早く先を読みたい‼」と思わず手にしたくなるようなタイトルと、「さっさと内容を知りたい！」と思わせるイントロ。これができれば、提案は通ったようなものです。チラシも企画書も、相手にはどう見えているのか、どうしたらもっと読みたいと思ってもらえるのか、読み手の目線で考えなければなりません。

ちなみに冒頭に挙げた「業界No.1企業……」というタイトル、これは実話です。

ある飲料メーカーから、ギフト向けに新開発したフルーツジュースの販売戦略を考えてほしいとの依頼を受けました。

ギフト市場は飽和状態にあり、営業担当者が新商品を店舗に売り込もうにも、ろくに取り合ってもらえない状態でした。

どうしたら店舗が仕入れてくれるのか。営業担当者にヒアリングし、酒販店や小売店を回りながらリサーチを進めたところ、ヒントが見えてきました。

そのメーカーの営業担当者は若手から中堅の男性が中心。車で取引先を回っては商品のよさを訴えますが、迎え撃つ酒販店のオヤジさんも百戦錬磨。「忙しいから」と軽くあしらいます。売り込みに失敗して営業車に戻る彼らの背中は、なんとも哀しそうでした。

そこで私が提案したのが、「おそうじキャンペーン」です。

オリジナルのハタキをもったキャンペーンレディが営業車に同乗し、一緒に酒販店を回りながら「おそうじキャンペーンでーす」と、酒販店のギフトコーナーを掃除していくのです。そしてキレイになったところで、さらっと競合他社の商品を端に寄せて、例の新商品を手に、「こちらに置かせてください」と棚を確保するわけです。

酒販店のオヤジさんにしてみれば、顔見知りの営業担当者だけでなく、若くてキレイなキャンペーンレディが一緒ですから、いつもとは話を聞く姿勢が違います。

しかも、自ら商品棚を掃除するので、断りにくい。

それでも仕入れを断る酒販店もあります。成果が出なければ、営業担当者はガックリするところですが、キャンペーンレディが「次はがんばりましょう！」と笑顔で励ましてくれるので、孤独を感じることなく元気に次の取引先へ向かうことができます。

この作戦が奏功し、商品は予定額の２７０％の売上増を記録しました。

しかも、酒販店にも営業パーソンにも喜ばれた企画として、社内で評判を呼び、社長にも喜んでいただけました。

せっかくなので、この企画とほぼ同じコンセプトのキャンペーンを、別の業界の会社にも提案。持ち込む際には、「飲料業界No.１企業の社長が思わず『いいね！』と言った……」というタイトルを付けました。

誰もが知るあの飲料メーカーの社長がうなった企画となれば、興味を抱かないわけがありません。見事、食品会社のキャンペーンも受託できました。

逆説の思考法

強烈すぎるくらい刺激的な出だしを！

12

もらった名刺は、くずかごへ！

サラリーマンを続けていると、たくさんの名刺が手元にたまります。そして、ややもすると、その数を自分の人脈と勘違いしがちです。

はっきり言いますが、**そのほとんどはゴミです**。

さて、あなたの名刺フォルダを開いてみてください。

仕事以外の用件で、「いつでも好きなときに電話やメールができる相手」は何人いますか？

名刺の相手がどんな人で、どんな得意技を持っていて、どんな顔をしている人か、すぐに思い出せますか？

もし思い出せないのなら、その名刺はバッサリと捨ててしまいましょう。

取ってあるだけで人脈と勘違いしてしまう名刺は、単なる紙でしかありません。その紙を当てにして日々生きるのは無駄です。

はっきり言いますが、名刺そのものには何の価値もありません。

人脈とは〝脈を通ずる関係〟という意味です。私の師匠は「**この人に頼まれたら、決してイヤとは言えない関係**」と言っていました。ですから、紙の枚数を競っても意味がないのです。

肝心なのは、「いかに深い関係を生み出せるか？　自分と、いい感じで付き合ってくれる人かどうか」、その点に尽きます。

相手がどんな人で、どんな得意技を持っていて、どんな顔をしている人か……それが思い出せない人の名刺は容赦なく切って、全部ゴミ箱に捨ててしまいましょう。だって覚えていないわけですから、こちらから連絡を取る可能性はゼロです。ですから、捨てる。

そこで残った名刺だけが、あなたの人脈になりうる相手です。

その人たちにだけ、連絡を取り、新しい一歩を共有しましょう。

事実、私もこの「**名刺の棚卸し**」をしましたが、驚くほどの名刺を捨てることになってしまいました。

まずは、顔を思い出せない人の名刺を捨てる。

次に、何をしている人かわからない名刺も捨てる。

最後に、気の合わない人、合わなそうな人の名刺も捨てる。

これで残った名刺は、正直に告白するとせいぜい50枚程度でした。

その50人のほとんどとは今も良好な関係を維持できていますし、お互いに仕事のヒントを持ち寄り、頼み頼まれという付き合いができています。

さあ、あなたも勇気をもって、不要な名刺をくずかごへ！

その「バサッ」と落ちる音が、新しい生活へのとびらを開いてくれますよ。

逆説の思考法

名刺は人脈にはならない

13

名肩書きこそが、名営業マン

職種や資格を肩書きにするのは、そろそろ卒業しませんか?

弁護士、税理士など、士業の方は有資格者であることが重要なので、名刺に記載するのは当然のことです。苦労して手に入れた資格、強調したいのもよくわかります。

でも、ちょっと待ってください。

たとえば、「中小企業診断士」。この7文字から何がわかりますか?

「国家資格を有している!」

はい、ご名答。それから?

「中小企業を対象にした仕事！」

まあ、そうですね。

でも考えてみてください。日本には中小企業が数百万社とあります。四輪・二輪メーカー・スズキのように、年商3兆円超の中小企業もあれば、独立したばかりの個人事業主も中小企業です。幅が広すぎて仕事のイメージがわきません。

しかも、中小企業診断士はなんと2万数千人！　小売業に強い人もいれば、ＩＴビジネスの経験豊富な人もいるでしょう。ものづくりに詳しい人、財務が得意な人、人事戦略なら任せてという人、事業承継で実績を積んでいる人……それぞれに得意分野があるはずです。

そこで名刺を一工夫します。

肩書きが、「中小企業（個人事業主向け）診断士」と書いてあったら、どうでしょうか。従業員5人以下の小企業を中心に、個人事業主もサポートしている人なんだなと、一気にわかりやすくなります。

私は以前、「**シンクロニスト**」を名乗っていました。

名刺を渡すとほぼ１００％、「どういう意味ですか？」と質問されます。ここがミソ。

「シンクロ」も「〜ニスト」も聞き覚えがある単語だからなんとなく想像できるものの、肩書きとしては聞いたことがないので、何を意味するのかを知りたくなるのです。

でも、最初からすべてを説明しません。

「御社はホームページからガンガン注文が入ってきますか？」という具合に質問を返します。

多くの場合は、「全然ダメだね、思ったような成果が出ない」といった答えが返ってきますから、「それはホームページのターゲットと、実際の客層がズレているからだと思います。つまり、シンクロしていないんです。それをシンクロさせるのが私、シンクロニストの仕事です」と説明すると、ほぼ全員が納得します。

何かしら問題意識を持っている人ならば、「詳しく聞かせて」「こういう領域のシンクロも可能？」となるし、現状課題がなくても、「ユニークな肩書きの人」として覚えてもらえます。

実際、それで仕事の依頼を受けたことが何度もありました。

たとえば、名古屋のあるフレンチレストランのオーナー。何年も前に名刺を交換したきりの方です。オーナーは私の名前を思い出せず、名刺も見つからなかったけれど、「シンクロなんとか……」という単語が印象に残り、インターネットを検索して、私のホームページを探し当てくれました。一般的に使われている肩書きだったら、こういう再会はなかったでしょう。

会社員の場合、肩書きを勝手に変えるわけにはいきませんが、工夫する余地はあります。

私のセミナーの打ち上げで受講生を前に名刺の大切さを話したときのこと。

誰もが「まったくその通りですね」「私も工夫しなくては」と口々に感想を述べました。

一次会がお開きになり、次のお店に移動しようというとき、一人の男性が「ちょっとだけ失礼します」と、夜の街に消えていきました。それから1時間後、戻ってきた男性は私に名刺を一枚差し出しました。

そこにはプリクラのシールが貼ってあり、彼の思いがこもった一文が添えられていたのです。

会社のルールを逸脱しない範囲で工夫した知恵もさることながら、「いい話を聞いた」と思った瞬間に実行した彼の行動力には脱帽でした。

その後、彼は社内でも出世し、今も第一線で活躍をしています。

逆説の思考法

会社員でも、名刺はカスタマイズしてしまえ！

14

上司に使われるな！上司は使え！

自分が経営者でない限り、組織には上司が存在します。相性もあれば好き嫌いもあるでしょう。世間にはいろいろな上司・部下の関係があります。ただ確かなことは、上司が気持ちよく仕事ができるようにすると、部下である自分たちもいい仕事ができるということです。

上司も一人の人間です。部下に慕われ、大切にされて、イヤな気持ちになるはずはありません。あえて上司の得意分野を活かせる場面や、ここぞという出番をつくることも仕事をするうえで大切な知恵なのです。

たとえば取引先に訪問した際、別の部署を紹介されて「うちでも仕事をしてほしい」と依頼されたとします。新しい部署に持ち込む企画書は一人でもまとめることができそうです。

あなたなら、どうしますか？

①　上司の手を煩《わずら》わせる必要はないから、自分でどんどん進める

②　自分でできそうだけれど、最初から上司を巻き込んで進める

前振りがあるからわかりますよね。そう、こういうときこそ上司に相談にいくのです。

「◇◇社から新たな依頼を受けました。重要な取引先ですから、ここはぜひ○○部長のお力をお借りしたいのです。いえ、企画書の作成までお手を煩わせるつもりはありません。すでに下書きはできていますので、目を通していただけますでしょうか？」

直属の部下からこんなふうに頼られたら、上司としては同行しないわけにはいきません。よく、上司には挨拶をさせるだけで終わらせようとする人がいますが、それはダメです。たとえばプレゼンテーションをする場合、企画書を書いたのは自分であっても、最初の〝主旨〟とか〝企画の骨子《こっし》〟とか、あるいは〝狙い〟……といった部分を上司に語ってもらう。

要は**花を持たせる**のです。ここが肝心です。企画書を仕上げたのが自分だとしても、うまくいったら「○○部長のおかげです」と謝意を示します。これはヨイショではありません。「いい上司」という役割を演じてもらうために、部下としてできることをしているのです。

その結果、上司が「こいつと仕事をすると気分がいい」「いい結果を残せる」と思ったら、自ずとあなたの評価は上がります。上司から評価され信頼されるようになれば、任される仕事が増えて、さらに仕事が進めやすくなります。

上司にいいように使われていてはちっとも面白くないでしょう。自ら上司の好む環境を用意し、うまく立ち回ってもらうことが結果的にあなたにいい結果をもたらすのです。

「上司を立てたら、手柄まで横取りされた」

そう言って怒っている人をときどき見かけます。

残念ですが、上司に期待するより自分の発想を切り替えるほうが早いし、前向きです。

上司も含めて、メンバー全員が輝けるにはどうしたらいいのか。マネジメントの視点で考えられるようになると、仕事がもっと楽しくなります。

逆説の思考法

上司は掌《てのひら》で踊らせろ

15

商品の説明は半分だけでいい

「ツァイガルニック効果」という、舌を嚙みそうな心理学用語があります。わかりやすく言えば、テレビ番組の「続きはＣＭのあとで」のこと。

人間は心のどこかで調和や安定を求めているので、未完成なものや中途半端なものが気になって仕方がない。そのまま終えるのがイヤなのです。

音楽を聴いていてサビの直前にプツッと途切れたら、猛烈にモヤモヤしますよね。推理小説は読み進むほど続きが気になりますよね。モーツァルトの「レクイエム」も、ガウディの「サグラダ・ファミリア」もまったく同じ。きっちり完成していたら、これほどまで伝説的に語られていないかもしれません。「この先をもっと知りたい！」と思わせる「**心理作戦＝寸止め**」の技術をビジネスに応用しましょう。

少し話を変えます。

たとえば「警察犬訓練士」という肩書きがあります。

この肩書きなら、その人の仕事が〝警察犬を訓練する人〟と一瞬でわかります。珍しい職業ではありますが、正直「へ〜、そうなんだ」で終わる可能性は高いです。しかし、これを「どうしてあの警察犬は、私の言うことだけを聞くのか？」と書かれていたらどうでしょう。

「え？　何々？　教えてよ！」ってなりませんか？

これが寸止めの威力です。

こう変えるだけで、相手の食いつきが劇的に大きくなります。

そしてその先をもっと知りたい！　詳しく知りたい！　早く知りたい！　となるのです。

先ほどのテレビＣＭの例などは、まさにこれです。

ここで重要なのは、「パーミッション」です。パーミッションとは広告業界などでよく使われる言葉で、「事前許諾」と訳されます。

つまり、あらかじめ「教えてよ！」「聞かせてよ！」と相手のほうから言わせることで、「一方的に説明する＝売り込み」を、「了解を得て説明する＝親切」に変えてしまうということです。

寸止めされた表現は、このパーミッションを取れるわけです。寸止めにはこういう意味があったのです。

企画書をつくる場合に置き換えてみれば一目瞭然です。

「高齢者向け　口当たりがよく柔らかい、かりんとう開発のご提案！」というありきたりで、つまらないタイトル（かりんとうは硬くなきゃダメでしょ！　というツッコミはなしで）と、「え？　何このかりんとう。おじいちゃんおばあちゃんにピッタリかも？」というタイトルでは、食いつきがまったく違います。

くどいですが、これが寸止めの威力。あなたも試してみてください。

逆説の思考法
向こうから欲しがらせよう

16

提案営業は、百害あって一利なし

「提案営業」は今やビジネス本の定番ワードです。

「顧客ニーズを先回りして、課題解決を提案しましょう。そうしたら営業成約率が高まりますよ……」

およそ、そんな話です。

いかにも顧客のことを慮《おもんぱか》っているように聞こえますが、本当にそうですか？

提案される立場で考えてみてください。

今まさに悩んでいる問題の答えを教えてくれたら嬉しい。でも、そんなうまい話はありません。ただでさえ忙しいのに、現時点で考える必要のない問題を社外の人に指摘され、中途半端な解決策を提示されても、ありがた迷惑です。

提案内容がよければ、それはそれでまた、違った意味で悩ましい。

その解決策を実行するには上司を説得し、予算を申請して、社内調整を図らなければなりません。うっかり「上司に相談します」と返答したら、連日「その後どうですか」と電話がかかってきたり、突然訪問されちゃったりして……。

ほら、想像しただけで面倒くさいでしょう?

独りよがりの提案営業は迷惑です。

理想の営業スタイルは、顧客から、「この課題を一緒に考えてくれない?」と相談されること。

これならば100%話を聞いてもらえます。

でも最初から相談されることはありませんから、まずは信頼関係を築きましょう。

相手の「普段表立っては言えない本音」を聞き出せるように、心開ける関係を創るのです。

この場合の**切り札は〝情報〟**です。

たとえば雑談の中で、相手の出身地が香川県だとわかったとしましょう。

そうしたら、香川県のアンテナショップに行き、郷土食材や香川県にまつわる商品（安くて大丈夫です）を買い、移動のついでに立ち寄り、手渡すだけです。

そして、「○○さんが香川の出身だと思い出したので買ってきました！」と伝えるだけ。

これで、相手の心はグッとあなたに傾斜します。

ポイントはあまり高価な商品はタブーだということ。賄賂《わいろ》だと受け取られかねませんから。

という具合に、**顧客との距離を縮める秘策は事前の〝仕込み〟に尽きます。**

私がやった例で言えば、無類の貝好きだという顧客に、貝料理専門店のリストを持参したことがあります。ついでに予約が取りにくいことで有名なお店をがんばって予約して、「たまたま席が空いていたんで予約したんですけど、一緒にどうですか？」とお誘いしたら、ものすごく喜んでくれました。

そこで美味しいお酒と貝料理に舌鼓《したつづみ》。

もちろん仕事もうまくいきました。

ちなみに、手土産で渡す情報はコピペ厳禁です。

最初はインターネット検索でもいいですが、その結果をそのまま使ってはダメ。

自分で実際にお店を訪問し、食べてみて、本当によかったところだけを厳選しましょう。

そうじゃないと、「自分が食べたこともないのに薦めてくるテキトーなやつ」と、レッテルを貼られて終わりです。

事前の仕込みにはどうしたって時間も手間もかかります。

だからこそ、顧客は胸襟《きょうきん》を開き、本音を教えてくれるのです。

そこを惜しんでは、提案営業になりません。

逆説の思考法

独りよがりの提案営業は迷惑でしかない

忙しそうに見せるのは愚かです

「忙しい」が口癖になっている人がいたら、即刻改めましょう。

この言葉を口にしても、何もいいことはありません。

あなたが誰かに相談をするとき、あるいは仕事を発注するとき、いつもバタバタと走り回って「忙しい、忙しい」と言っている人に声をかけようと思うでしょうか。

どうしても、その人でなければならない仕事ならともかく、普通は忙しそうな人を優先順位から外すのではないでしょうか。

頼んでも断られるかもしれないし、納期を守れないかもしれないし、仕事が雑になるかもしれない……。

「忙しい」の先を想像すると、ネガティブなイメージしか湧いてきません。それなのに「忙しい」と言いたがる人は意外に多いです。

原因は「デキる人＝忙しい人」という思い込みです。

ビジネス作家のキャメル・ヤマモトさんによると、**人にはダチョウ型とタカ型がいるとのことです。**

ダチョウ型は、朝から晩までとにかくドタバタドタバタ走り回っていますが、その割に成果は出ません。

なぜなら、成果イメージがないまま、ただ動き回っているからです。

他方、「タカ型」はまず、高い所を悠々と飛びながら獲物を見つけ、見つけるや否やそこにまっしぐらの速攻をかけます。非常に効果的に成果を上げるわけです。

「忙しい、忙しい」と言っている人の多くは、ダチョウ型です。

成果を上げることなく、しかし、「忙しい」「忙しい」を連発します。

タカの目からは地上のダチョウは、「あの連中、時間を使わずに、時間に使われている」と見えます。

「仕事がデキる人＝タカ型」のところに仕事が集まる。これは事実です。

デキる人は時間の使い方がうまく、知恵や工夫で効率よく進めていきます。

本当にデキる人ほど充分な睡眠をとっているし、飲み会や趣味も楽しんで、じつに豊かな人生を送っています。

では、忙しい人はデキる人でしょうか。

必ずしもそうではありません。**段取りが悪かったり、何にでも首を突っ込んだり、忙しさを自らつくり出している人**もいます。

会社員の場合は仕事がデキるデキないに関係なく、部下のフォローや上司の指示で忙しくなってしまうことがあります。

一時的な多忙は致し方ありません。

しかし、それが常態化していたら考えものです。

睡眠時間やプライベートを犠牲にしては心身が疲弊し、仕事にも悪影響を及ぼします。

いい仕事ができるようにコンディションを整えることも仕事のうちですから、状況を変えていかなければなりません。

忙しいことと、仕事がデキることはまったく別の話です。

忙しそうに見せたところで、何のメリットもありません。

タカから見たらダチョウにしか見えないでしょう。

最後にもう一つ鳥の比喩。

水鳥は、水面下で必死に足をばたつかせていても、表面的には波しぶきを立てず優雅に泳いでいます。そんな水鳥のように、いつも涼しい顔をしていたいものです。

逆説の思考法

水鳥になろう

18

締切は絶対に守るな！

締切は守ってはいけません。え？　また中山がおかしなことを……。

いえいえ、ここで言う締切とは、「クライアントが求める期日」のことです。

じつは、あなたにはもう一つ、とても重要な締切があるのです。

それは、「**自分で設定した締切**」です。

つまり、クライアントが提示する期限よりも、一秒でも一時間でも一日でも〝早く仕上げる〟のがプロフェッショナルだということです。

なぜかと言えば、答えは簡単です。

クオリティを上げるためです。

締切に間に合わせることはとても重要です。

しかし、ギリギリになってしまうとどうしてもチェックなどに漏れが起きます。

たとえば、誤字脱字のようなケアレスミスです。じつは、こういうちょっとした不具合は相手にとってはとても不快です。

ある意味、やっつけ仕事、手抜き工事に見えてしまう可能性が高いからです。

少し異なる例ですが、本を読んでいると、誤字脱字などのケアレスミスがとても目立つ本があります。これは、読む側からすると、じつにいい加減な仕事としか見えないのです。

著者も、編集者も、その本を心から大切にしていないように思えてしまうのです。

これはとても残念なことです。どんなに内容がよくても、すばらしいことが書かれていても、ケアレスミスが多いと内容にまで不信感を抱いてしまいます。それではダメです。

だからこそ**早めに仕上げて、見直しやチェックをする必要があるの**です。

「終わりよければすべてよし」と言うように、クライアントから提示された締切を守ることはとても重要ですが、それ以上にあなた自身が定めた締切が大切になるのです。

これは、**クライアントが要求する締切の数日前に設定**します（理想は、ですよ）。

あなたは、その〝あなたの締切〟に間に合わせることを第一義に考えるのです。

そうすると、内容をチェックする時間も潤沢に取れますし、何かを追加したいという場合でも楽勝です。

以前、提出の数日前にその提案内容を根底から揺るがす、ある企業の不祥事が発覚しました。……が、多少とも時間に余裕があったため、急遽、内容を別の企業に差し替え、無事に乗り切ったことがあります。

これはクライアントの要求通り、ギリギリに仕上げていたらできなかったことでしょう。私が「締切を守るな！」という意味が、ここにあります。

逆説の思考法

締切は自分で決める

常識は、疑え！

Chapter 3

19

電車での読書は禁止です

本日これより、電車内での読書は禁止します！　小説やビジネス書はもちろん、新聞・雑誌・マンガ雑誌もダメです。はい、そこのあなた！　スマホのアプリで読めばバレないと思ったでしょう。スマホは禁止じゃなくて厳禁です。

……はい、本題に戻ります。

電車内を読書タイムに充てている人は多いと思います。普段の読書は仕事の本が優先だから、移動時間くらい好きな小説を読みたいという人もいるかもしれません。

でも、想像してみてください。

何かに集中していると、周囲が見えなくなります。

電車の中は、じつは〝**情報の宝庫**〟です。

中吊り広告のタイトルやコピーは、今の旬・トレンドを見事に教えてくれます。そういった広告の編集者やライターには、最新の情報が次々に集まってくるからです。彼らの見事な表現力・コピー力を学ぶのです。

車内のあちこちから聞こえてくる会話もまたヒントのオンパレード。たとえそれが愚痴であっても、誰がどんな不満を持っていて、どんなことに腹を立てているのか丸わかりです。

向かいの席のママが読んでいる本はなんというタイトルでしょうか。普通はあまり本を読めないだろうママが読んでいるのだからかなり売れている本なのでしょう。衣服のトレンドだって、着ているものを観察すればわかってしまいますね？

では、電車外に目を向けてみましょう。

ある大手のテレビ局のアナウンサー研修に、「車外の様子を実況する」というのがあるそうです。猛スピードで通り過ぎる外の景色の、目に入ったものを次々と言葉にしていくという研修です。それほどとは言いませんが、外の景色に関心を持って見ていると、じつに色々なものが飛び込んできます。

「あれ？　あんな所に新しいビルができているな。なんのビルだろう？」「今、通り過ぎた看板、コピーが上手だったな～」「ホームに貼られているポスター、よくできているな～」「おや、渋谷駅のホームにはカップ麺を食べさせる店ができちゃった……」

要は、電車の中というのは、あなたのまわりの社会・経済の縮図なわけです。

それを楽しまないのはなんともったいないことか、そう思いませんか？

だから**社会に対する扉を開くために、本を閉じる**のです。

本は電車の中でなくとも読むことはできます。

ですが電車の中での体験は、電車の中でしかできないのです。

私が「電車内では本を読むのをやめよう！」という理由はここにあります。

逆説の思考法

電車内は情報収集の場にする

読書難民になるな！

本には、無限のアイデアが詰め込まれています。
いい本には、じつにたくさんの「ヒント」が詰まっています。
一冊の本でまさに、「人生を変えた人」だっています。
なのに……なのに……です。
次々に本を渡り歩いている人がいます。
「とてもいい本でした！」……パタッ！
「たくさんの学びがありました！」……パタッ！

「多くの気づきを得ました！」……パタッ！

読んだらすぐに閉じてしまう。

そして、次の本を読む。

まさに、読書難民です。

いい本だったのなら、学びがあったのなら、気づきがあったのなら……試してもいないのに……どうして次の本を読むのでしょうか。

その本に書いてあったこと、いいこと、気づいたこと、学んだこと……実践しましょう。

まあ、「具体的な実践の仕方」までは書いていない本が多いことはたしかです。

それでも、**「どうすれば自分なりに実行することができるのか？」**を考え、本に書かれていることをアレンジし、カスタマイズし、実践することで、いくらでも成果は出せます。

高額なセミナーなんて参加しなくても、「本に書かれていることを実行する」だけで、成果は必ず出ます。でも……読んだらパタッと本を閉じる。で、次の本を読む……それっておかしくないですか？

本を読む

↓

ヒントを見つける！

↓

自分なりにカスタマイズする！

↓

行動計画を立てる！

↓

実行する！

↓

検証する！

これが正しい読書法です。

私が常に実行している「**アクションリーディング**」がコレです。

要は、アクション＝行動のための読書法です。

「成果につながらない読書はするな！」ということです。

読んだら、気に入った本だと思ったら……この流れに、当てはめればいいだけです。

速読、フォトリーディング、フォーカスリーディング……そんなの必要ありません。

だって、著者の立場になって考えてみましょう。

急いで読んでほしいと思って書いている著者なんているはずがないでしょう。

ですから、書いてある内容をじっくりと楽しみ、味わい、咀嚼《そしゃく》して、あなたのビジネス、人生に役立ててほしいと思います。

逆説の思考法

本を読むだけでは意味がない

21

真似から始めない

「モデリング」という言葉があります。自分のビジネスにとって、見本になる人を見つけ、その人を〝モデル〟にして、スキルなどを取り入れていく行為です。

要は真似です。

真似には二つの種類があります。

一つは、まずは自分で考え、自分なりのやり方を考え抜いたうえで、誰かの真似をしながら肉づけをしていく、**補強型の真似**。

もう一つは、自らはろくに考えることなく、何でもかんでも真似から入る。これを「**猿真**

似」と言います。

このところ、この猿真似が流行っているというか、横行しています。

たとえばコピーライティングを考えてみると、じつに顕著で明白です。

セールスレター型のコピーを書く際に、欧米の売れっ子ライターが書いたコピーをまずは横に置いて、その真似から入る。そこに自分の意思やこだわりはありません（この真似るために集めた見本コピーを『スワイプファイル』といいます）。

これでは**真似る見本がなくなったらおしまい。ジ・エンドです。**

仮に、スワイプファイルをパソコンに保管してあって、そのパソコンのデータがクラッシュしたらもう終わりです。まるで薄氷《はくひょう》の上を歩いているような、およそコピーライティングとは呼べないやり方です。

スワイプファイルをコレクションしても、そのときのテーマにどの見本が一番合っているかはわからないし、そもそも、自分にはどれが合っているかすらわからない。そんなものは仕事でも何でもありません。

私もコピーを書く仕事をしていますが、やり方はまったく違います。

あくまでも自分の意思が主導します。

私にはコピーライターの教え子が何人もいますが、彼らにも必ずこう言います。

「下手でも、つたなくてもいいから、まずは自分で書いてみろ」と。

そして、一生懸命、試行錯誤をしながら書き上げ、それで足りない部分を見本と照合するなら、それはまさに〝補強〟になります。

自分の何が足りないのか？

どこが弱いのか？

すべてわかります。

こうやってこそ、文章の〝体幹力〟が培《つちか》われるわけです。

ですが、真似から入ってしまうと、何にも残りません。

考え方の基礎体力はつかないし、いつも砂上の楼閣《ろうかく》のような、実態のない、まぐれ当たりの仕事しかできなくなります。

スポーツでもそうですが、まずはひたすらバットを振ったり、ボールを蹴ったりします。普通は最初からうまくいきません。その中から、どこがよくないのだろう？　何が間違っているんだろうか？　と呻吟《しんぎん》します。

このプロセスが重要なのです。

そのうえでコーチの指導を受けると理解が早まり、一気に上達します。

真似から入るのは、一見効率的なように見えますが、じつは一旦うまくいかなくなった場合、もうどうしていいのかがわからなくなります。コーチの話を聞いても、ちんぷんかんぷん。結局、上達が遅くなります。

真似から入ってはいけません。小さくともいい。短い時間でもいい。自ら動き、チャレンジし、悩み、迷うことが一番の近道です。

逆説の思考法

猿真似は破滅を招く

22

会議室での打ち合わせは禁止！

打ち合わせ＝会議室って誰が決めたのでしょうか。

最近の会議室は壁面をガラス張りにして、絵や観葉植物を飾るなどして、やわらかい雰囲気を演出していますが、やっぱり会議室は会議室です。真ん中にテーブルどん！　そのまわりにイスぐるり……基本骨格に変わりはありません。

打ち合わせをするということは、何かしらアイデアを出したり、企画を考えたり、クリエイティブな仕事をするのだと思います。毎日同じ空間で、同じ顔ぶれで、斬新な発想ができるでしょうか。

私ならば、ときには会議室を出たいです。

あなたも近所のカフェや公園に出かけてみてはどうでしょう。

開放感ある場所で自由にイマジネーションを働かせたら、気持ちよく打ち合わせができるはずです。軽くほほに当たる気持ちのいい風が、思考の羽を広げてくれます。芝生の緑から発する青い匂いが過去の情景を思い出させてくれます。樹木から発せられるフィトンチッドが森林浴の効果を出すことは有名な話です。

私は以前、会社を経営していたとき、部下を数人連れてラブホテルでミーティングをやったり、カラオケボックスで企画会議をやったりしました。

すると、普段とはまったく異なる環境の中で、脳の動きも自由さを発揮し始めます。

カラオケを歌いながら思いついたコピーやアイデアを口にする、といったゲームもやりました。どれも劇的な成果を生んでくれました。

議論が紛糾《ふんきゅう》したら腕を伸ばしたり、そこらを歩いたりしてクールダウン。身体を動かすことで脳にも新鮮な血液が巡りますから、すっきり新たに考えることができるでしょう。

それでもアイデアに詰まったら、周囲をぼんやりと眺めてみては？　街の風景、行きかう人々、散歩中の犬、そんな光景に何か刺激をもらえるかもしれません。

美しい夜景の見える場所で打ち合わせっていうのもいいでしょう。１００万ドルの夜景と称される香港の夜景をクルージングで楽しみながら打ち合わせ……うん、間違いなくいい打ち合わせになる！

「打ち合わせ＝会議室」

この固定化された考え方を、一度忘れてみてください。いつもと同じであることが、いいことだとは限りません。

その打ち合わせに最適な場所は、会議室以外の場所にあるはずです。

逆説の思考法

アイデアは会議室では出ない

23

仕事はもらうな?

また中山が妙なことを言い始めたぞ……そう思いますよね? 仕事はもらうもの、相手がくれるもの。あなたがもし多少でもそう思っているなら、それは大間違いです。

そもそも、人はどうして誰かに仕事を依頼するのかを考えてみましょう。

あなたはどう思いますか? 私はこう思います。

〝人は困っているから、誰かに仕事を頼むのだ……〟と。

自社で人手が足りない、対応できるスタッフがいない、自社では難しい、忙しくて時間がない、自分では面倒でやりたくない……。

色々な理由があるでしょうが、要は、困っているから頼むわけです。

だとしたら、少なくとも**あなたと相手の関係はイーブン**です。仕事を頼むほうが偉くて、仕事を請けるほうが立場が弱い、なんてことは絶対にありません。

シーソーの端と端に両者が乗っているようなものだし、相手が困れば（下がれば）、あなたのほうが上にくる、そんな関係です。

もっと言えば、仮にあなたやあなたの会社が、ほかにない技術・商品・サービスを持っているとしたら、あなたのほうがじつは上です。だってあなたが仮に断ったら、相手は頼む相手がいなくて困ります。できる相手を探して右往左往、困り果てるわけですよ。


私は、本の原稿をおよそ1週間で仕上げるという特技を持っています。正直かなり速いです。

あるとき、ある出版社の編集長から電話がかかってきました。かなり切迫した声です。

「中山さん、1週間くらいで原稿書けるって言っていましたよね？　お願いしたいんだけど」

という依頼でした。聞いてみると、出版の話が進んでいた別の著者が、どうしても書けなくなったらしい。で、広告予定も決まっているし、書店への予定表にも明記されているので、どうしても穴を開けるわけにはいかない。そこで、私に白羽の矢が立ったわけです。

私は「いいですよ」と答え、その日のうちに打ち合わせし、1日で本の構成を考え、5日間で原稿を仕上げて提出しました。

編集長は、泣かんばかりに喜んでくれ、結果、その本はかなりの売れ行きを示しました。

この例でもわかる通り、**依頼する側は困っているのです。**私が断れば二進《にっち》も三進《さっち》もいかない、代わりを探そうにも時間的に無理、切迫している訳です。

いいですか？　もう一度言いますよ。

仕事は請ける側が強い！

だから胸を張って仕事を請けるべきです。卑屈になり、揉み手をしながら、頭をペコペコ下げながら仕事をくださいという態度を見せるのではなく、堂々とこう言えばいいのです。

「よくぞ、私を選んでくださいました。受けさせていただきましょう」と。

24

いい飲み屋を見つけたら、最初の週に5回通え

これはもうこのまま、素直に実践してください。ポイントは最初に通いつめることです。お店も客商売ですから、常連客だけでなく直近で来店したお客さんの顔は覚えているものです。続けて通うことで「お客さま、昨日もいらしてくださいましたよね」と、会話のきっかけが生まれます。そして「いい感じの店構えだなと思って入ってみたら美味しかったから、今日も来たんだ」と返せば、お店も気分がいいので、心地いい対応をしてくれるでしょう。

さらに3～4日目ともなると、「こんなに気に入ってくれるなんてありがたい。このお客さまを大切にしよう」という思いが強くなっていきます。しっかりしたお店ならば、最初の週に

5日も通えば、その後しばらく行けなくても忘れられることはありません。

私の最高記録は、初めて訪れたお店に、その夜のうちに3回行ったこと。

きっかけは偶然立ち寄った本屋で、たまたま目に入った雑誌の特集タイトルが「女性バーテンダーのいる店」だったからでした。ペラペラとめくると新宿のお店が多く、私が行ったことがないバーを探したところたった1軒見つかりました。早速お店に電話して確認したところ、何とも怪訝《けげん》な声が返ってきました。あとでわかったのですが、雑誌に出てからセクハラまがいの電話が何本もかかってきたそうで、私も警戒されていたのでした。

ともかくお店の場所を確認して訪ねてみると、なかなかいい雰囲気です。カウンターには例の女性バーテンダーさんがいて、楽しい会話で盛り上げてくれました。お酒も料理も申し分なし。そのまま飲んでいたいところでしたが、外せない仕事があり、後ろ髪をひかれながらお店を出ました。

外せない仕事を終えたあと、やっぱり気になってお店を再訪しました。彼女は驚きながら、気持ちよく迎えてくれました。ところがこの日もう一つ約束があって、またしてもお店をあとにします。さすがに今日はここまでと思いきや。どうしても深夜の客層や雰囲気が気になり出して、約束を果たしたあとに、またお店を訪ねました。一晩で3回も現れた私を見つけたときの彼女の表情は、今も忘れられません。

それ以来、私はそのお店に通い、彼女ともすっかり仲よくなりました。彼女が結婚式を挙げるときに主賓挨拶を頼まれたほどです。上司や恩師もいるのに私でいいのか尋ねたら、笑って「中山さんには一番お世話になったから」と言ってくれました。

何が言いたいかというと、こうして強い関係になると、**〝店はあらゆる面で味方になってくれる〟**ということです。

大切な人を連れて行けば阿吽《あうん》の呼吸で、もてなしてくれる。仮に私が同行できずにクライアントに紹介する場合でも、電話を入れておくだけで充分に気を遣った対応をしてクライアントを喜ばせてくれる。そう、本当に強い関係になった店は、私の分身として動いてくれるのです。

だからこそ……何度も集中的に通って、一気に距離を詰めるのです。

25

飲み屋をネタに、関係づくりを

もう一つ飲み屋の話です。前項で飲み屋を味方につけようという提案をしました。ここではさらなる活用法をお教えします。

人は放っておかれるのを嫌います。嫌われるよりも無視されるほうがイヤとも言います。

私にも経験があるのですが、一緒に仕事をしたり、一時期は仲がよかったのに何となく間が開いて、連絡を取らなくなってしまった人っていますよね？

これ、じつに気まずいし、かといって大した用事もないのに電話しても、「あれ？　忘れられたと思ってた！」などと、キツイ皮肉のボディブローを喰らいかねません。

そんなときにこそ、飲み屋を最大限に活用するわけです。もちろん、何の特徴もない、つまらない店ではダメです。

まず、**旬の料理を出すお店を季節ごとに確保しておく**と便利です。

誰かと交流を深めたいと思ったとき、ただ単に「飲みましょう」と誘うよりも、「春先限定のタケノコの刺身がうまい店があるんですけど、一緒にどうですか？」のほうが断然誘いやすいし、相手も誘いに応じやすいはずです。とくに久しく会っていなくて疎遠になっている人や、関係性を再構築したい相手を誘う際には、旬の料理はうってつけのネタなのです。

自分から誘わなくても、相手から連絡をくれることもあります。

私の行きつけである新宿の居酒屋「樽一」は、秋が深まる季節限定で〝ネギマ鍋〟を提供します。これがとにかくうまい。私がそうやって写真とともにブログやＳＮＳに書くと、食いしん坊は、「行ってみたい！」などとコメントを入れてくれますから、「**来週までの限定メニューなので、時間が合えば一緒にどうですか**」と誘えてしまうわけです。

いいお店をたくさん知っていると、それだけ多くの人とつながることができます。食欲は三大欲求の一つであり、脳に強い刺激を与えます。

逆説の思考法

食欲を刺激するのが手っ取り早い

私は宮城県に大好きな寿司屋さんが2軒あります。1軒は何を食べてもすべてが美味しくて、誰を連れて行っても必ず喜んでもらえる間違いないお店です。

もう1軒の寿司屋さんもどれを食べても美味しいのですが、私はそのお店では1種類しか注文しません。愛してやまないその逸品は〝フカヒレ寿司〟です。カウンターに座ると「フカヒレ寿司を10貫」とか頼んじゃう。10貫ですから、一緒にいる人は「自分の分も一緒に頼んでくれたのかな」と思うようですが、さにあらず。全部、私のもの（笑）。

フカヒレ寿司がどう美味しいかって、「とにかくうまい」の一言に尽きます。ときに仕入れの兼ね合いがあるからと、大将から総量規制を言い渡されるくらい、そのお店に行くとフカヒレ寿司一辺倒です。ね？　あなたもフカヒレ寿司を食べてみたくなったでしょう？

こんなふうにして相手の食欲を刺激し、コミュニケーションのきっかけをつくれるから、行きつけのお店は持っておくべきなのです。

26

価格で争わない

え？　安いほうが売れるでしょ？　価格勝負でしょ？　もしそう感じたら、あなたは、「安売り信奉シンドローム」にかかっているかもしれません。

「値引き＝営業」だと思っているなら……今この瞬間からやめてください。

ずばり言って、あなた自身が気づいていないとしても、「値引き＝自殺行為」です。

値引きとは、自ら手に入るはずの利益を捨てる行為です。これをもし会社の経営者や役員がやれば、本来は〝背任行為〟で訴えられても仕方ない、じつに恐ろしい行為です。

それでも、絶えない、なくならない……。値引きはタブーです。一度値引きをしてしまうと、ずっと値引きを要求されます。この状態を一度つくってしまうと、予算の少ない仕事しかやってこなくなります。そうならないためにどうしたらよいのでしょうか。

値引き・値下げには2種類あります。

一つは、「戦略なき値下げ」。

「戦略なき値下げ」とは、いわゆる一般的な値引き、条件反射的に周囲に迎合するディスカウントです。ライバルが安くしてきたから自分も安くする、他社が○○円でやるらしいからそこより1円でも下げる……こんな感じです。これは百害あって一利なし、いつか破綻《はたん》します。永遠の価格競争になるからです。ハッキリ言って絶対にやってはいけません。

もう一つは「戦略的値下げ」。

「この値下げの結果、何らかのプラスアルファを生み出す値下げ」という意味です。

たとえば、印刷会社の営業マンであるあなたが、ある企業にカタログの印刷を依頼されたとしましょう。そして提示された価格があなたの想定価格を下回っていた場合、あなたにはいくつかの選択肢があります。

① 泣く泣くその価格で引き受け、根拠なく次に期待する

② 価格交渉をして、値上げ要求をしてみる（高い確率で拒否されると思いますが）
③ その仕事自体を断る
でも、私はこのいずれもおすすめしません。

私ならどうするか、それは、「**レギュラー仕事奪取**」です。

今回だけは安く受けてあげる代わりに、年に数回でもいいから、レギュラーの仕事（定期的に発注せざるを得ない仕事）を受注できるよう交渉をするのです。依頼する側からすると、毎回見積もりを取って、その都度打ち合わせるというのはじつに面倒くさい行為です。ですから、できるだけそうした面倒を省《はぶ》きたいという気持ちがある。そこを突くのです。

ビジネスに一番重要なのは経済的安定です。そして、このレギュラー業務はその経済的安定の第一歩であり、とても重要なことなのです。これが戦略的値下げです。

逆説の思考法
値引き＝自殺行為

27

「いつもお世話になっています」は絶対禁句

「え？　いつもお世話になっておりますって……毎日使っているぞ！」と思ったあなた。この「いつもお世話になっております！」という言葉……知らないうちに、あなたの足を引っ張っています。電話やメールでこの言葉に触れた瞬間に頭をよぎるのは、「どうせ誰にでも同じ言葉を使っているんだろうな、この人……」という思いです。つまり工夫というか、オリジナリティがまったく感じられないのです。

何も考えずにこの言葉を使っているとしか見えないし、これを口に出しておきさえすれば無難だという〝**手抜き感**〟**が透けて見える**のです。

たとえば、メールのタイトル。

この、相手への印象を一瞬で決めてしまうであろう1行目に、「いつもお世話になっております」のような、常套句《じょうとうく》を使っていてはお話になりません。

ではどうすれば、〝しっかり認識して〟もらえるのか。そのうえで〝この人を大切にしたい！〟と思ってもらうことができるのか？

そのために必要なことと言えば〝**相手と自分だけしかわからないトピックを書く**〟です。

たとえば、同じ打ち合わせや会議に出席した相手なら、「この間の会議室、窓がなくて息苦しかったですね」と書く。一緒にランチをしたのなら、「あのパスタ、値段の割にちゃんとしていましたよね？　サラダも新鮮だったし……」と書く……要は、自分と相手が共有した事象、言い換えれば〝その場にいた人同士しかわからない、2人だけの秘密〟を書く。

この〝**共有感**〟が、「ちゃんと自分を見てくれているな」という印象につながり、一対一感を生み出すのです。

この「一対一感＝仲間意識」がとても重要で、これを上手に使いこなすと、関係は一気に深いものへと進みます。

あなたが仮に、好きな人を一生懸命に口説き告白する際に、一般論を語るでしょうか？　語らないですよね？

「あのお台場のレストランで、あなたと見た夜景！　私にとって、一生の宝物です！」

このように、当事者しかわからない言葉を使うはずです、必ず。

ビジネスも同じです。

すべての関係は、一対一からスタートします。会社や組織という、じつは実態のない〝かたまり〟ではなく、すべてのスタートは一対一という、個対個の関係から始まるのです。

あなたは選ばれるための言葉を持っていますか？

選んでもらうための〝違い〟を伝えていますか？

選ばれ、自ら切り開くことこそが、あなたの責務です。慣用句、常套句を捨て、オリジナルの言葉で勝負したとき、あなたへの見る目が大きく変わること請け合いですよ。

逆説の思考法

相手との秘密を共有せよ

28

分厚い企画書禁止令！

「量稽古、数稽古」という言葉があります。

〝数をたくさんこなすことで、本当の力がついてくる〟というような意味です。

この場合の、量は決して無駄にはなりませんが、何でもかんでも「努力＝量」「量＝価値」と、勘違いをしている人に出会うことがあります。

たとえば企画提案書や報告書をつくる場合に、何でもかんでも詰め込んで、〝目方で勝負〟になってしまうような人です。これは結構多いです。

なぜ、そうするのかと言えば、「ほかもそうやっているから」です。

ほかと同じことをやって、目立ちますか?

インパクトをもって受け入れてもらえますか?

違いますね。**ほかと同じことをやっていては、確実に埋もれてしまいます**。同じことをやったのでは、規模の大きい、歴史と実績のある会社には絶対に勝てません。

だからこそ、「定型を捨てる」ことが肝要なのです。

このことを、提案を受ける側から見てみましょう。

一般的にどんなものでも、「わかりやすい」ほうがよいのです。

そして、わかりやすさはコンパクトさに比例します。

できるだけ情報が絞り込まれ、ポイントが明確なほうが、書いたものでも話す内容でもわかりやすいものです。

そう、「目方=量」は不要なのです。

200ページに及ぶ提案書、100ページの企画書……不要です。そしてここがじつに重要な部分ですが、「コンパクトにすることができれば、それに伴い作業量が減る」ということです。

たとえばマイクロソフトのパワーポイントを使って提案書をつくるとして、200ページと

10ページではどちらが楽か？　ということです。

ボリュームが増えれば、自分ではできない部分も出てきます。そして外注することになり、結局、余計な支出が発生します。

だからこそ、ボリュームで勝負してはいけないのです。

私が書く企画書のフォーマットは決まっています。

【①タイトル：何を届けたいのか】

企画提案するコンテンツをわかりやすく表現。書籍ならば手に取って読みたくなるようなタイトルを考える

【②理由：なぜ企画提案するのか】

企画提案に至った背景や問題意識を整理

【③効果：結果、どうなるか】

コンテンツを受け取った人がどのように感じ、どのように行動が変容するのか、企画提案によってもたらされる価値を提示

企画書に記すこの三つがピシッとはまったときは、間違いなくいい仕事ができます。目方で勝負の企画書は、がんばって読んでくれたとしても、印象に残るのはほんの一部。伝えたいメッセージが埋没し、何も伝わらないなんて悲劇も起こり得ます。読み返しながら、不要なところは躊躇《ちゅうちょ》せず削除しましょう。

企画書はシンプルが一番です。

逆説の思考法

企画書に必要なコンテンツは三つだけ

29

すぐに質問をしない

わからないことを質問する。これは正しいですが、質問の前にやることがあります。それは〝考えること〟です。あなたは何でもかんでもすぐに質問してはいないでしょうか？

よくわからない＝即質問という悪習慣は、今日限りで終わりにしましょう。

何か知りたいことがあるとき、わかっている人に質問するのは、たしかに手っ取り早い手法です。インターネットで検索したり、図書館や書店で参考書を探したり、そういう時間をかけることなく、ほぼ確実に正解に辿り着けるわけです。しかも、そのことをよくわかっている人に訊くわけですから、こちらの期待以上の情報を返してくれるかもしれません。

しかし、自分の頭で考えることなく質問を投げかけても、意味はありません。聞き心地のいい回答が右から左へ流れていくだけです。そんな揮発性の知識をどれほどかき集めても、いざ問題に直面したときには何の役にも立ちません。

自分の頭で考えていないときは、質問も的外れになります。

セミナーや講演会では、質問タイムにちゃんとした質問ができない人たちをよく見かけます。「今日のテーマである○○とは、どういう意味でしょう？」という、講演内容を聞いていなかった人。「素晴らしいお話でした……」と、ひたすら感想を言う人。「事例としてお話しされた件、じつは自分も似たような分野で成功したことがあって……」と、自慢話をする人。

質問以外の発言は迷惑です。適切な質問をするためには、考えなければなりません。得られた情報を自分なりに構築するところにオリジナリティが生まれるわけです。そうやって自分の頭で考えるからこそ人間であり、考えることは人間だけに与えられた特権なのです。

逆説の思考法

考えないなら質問するな

慣例を、抜け出せ！

Chapter 4

30

出張はグリーン車で行こう

私は新幹線をよく利用します。仕事の拠点は東京ですが、仮に福岡や、あるいは札幌まで行くのにも新幹線経由です。

「なぜ飛行機を使わないのか?」と訊かれますが、どうも私は耳の気圧調整機能が弱いらしく、飛行機に乗ると耳は痛いわ、音は聞こえなくなるわ、自分の話す声がどのくらいの大きさかすら、まったくわからなくなるのです。

なので、講演などで呼ばれるとき、どうしても飛行機で行かなければならない沖縄や、あるいは海外では必ず前日に現地入りしないといけません。

なぜなら耳の〝聞こえ〟が、丸1日経たないと回復しないからです。

当日に現地入りしたのでは、耳がおかしいまま壇上に立たなければならないのでアウトなわけです。ということで、私は徹底した新幹線主義者になってしまいました。

前置きが長くなりましたが、本題です。

新幹線に乗る際は自由席、一般指定席、グリーン車などの種類を選びます。で、私は多くの場合グリーン車を選びます。

もちろんコストは高いですし、これは当然自分の持ち出しですから痛い出費です。でも極力グリーン車にします。なぜかと言うと、**「自由」が買える**からです。

自由席はもちろん、通常の指定席でも、結構混んだりしますよね？

真っ昼間から宴会を繰り広げている集団もありますし、走り回り、騒ぐ子どもたちもいます。騒ぐ子どもが悪いわけでは決してないですが、でも、少なくとも静かに、集中して考えごとをしたり、本を読んだり、ノートパソコンを使って原稿を書いたり、というのには向きません。

2〜3人掛けのシートが通常ですから、隣の人の動きや音も気になります。

要は……やりたいことが何もできない。

私にとって一番重要な仕事はアウトプットです。アウトプットとは、考えること、書くこと、話すことです。この大事なアウトプットができない……これは最低です。

そこでグリーン車の登場です。

グリーン車の場合、よほどの例外を除いて宴会集団も、走り回る子どもも、泣き叫ぶ赤ちゃんもいません。自分だけの時間に浸り、思う存分、大好きで重要なアウトプットができます。

新幹線で移動する場合、最低でも1時間以上は乗る場合が多いです。

この時間は貴重。私の場合、1時間あれば本の原稿を8000文字程度は書きますし、企画書なら1本は確実に書けます。

この生産性を追加金額で買えるなら、安いものだと判断します。

今は、チケットショップに行けばグリーン指定券が格安で買えます。ぜひ利用して、貴重な時間を浪費せず生産性の高い時間に変えていきましょう。

逆説の思考法

生産性は金で買え

31

言い訳は先にする

忙しいのはわかります。電話もかかってきて、どうしても出なければいけない緊急の用件もたくさんあるでしょう。だからこそこれだけは守ってほしいです。何って?

ケータイに電話がかかってくる度に、席を立って部屋の外に出ないようにしてほしい、ということです。これはメンバーの集中力もそぐし、何よりも会議が中断します。もしこれをやった場合、ほかのメンバーの気持ちの中に、「こいつこの会議を軽視している」という思いが生まれてしまいます。往々にして、次からは声がかからなくなり、そして忘れられます。

事実、私はそんな目に遭った人を何人も知っています。大きな損ですよね? 本人は、目の前のことに一生懸命対処しているだけ。それを悪いことなどとは思っていません。でも大いなる悪印象を生んでいるわけです。困りものですね。この場合の回避方法は二つです。

一つは、事前告知です。

メンバー全員に対し、この一言を言っておくのです。

「緊急の電話が入ると思うので、出なくてはいけません。席を立つのをお許しください」

これで多くの場合オーケーです。要は、順番が重要ということです。

もう一つの方法。これは〝出席しない〟という割り切りです。

何とか理由をつけて出席を回避する。これが確実です。都度、席を立ちながら電話に出ることは相手にも失礼だし、話の内容も半端になってしまいがちです。思わぬミスも出そうです。会議に気を取られながらの電話はじつに危険です。だったら、できる限り開き直って不参加とすべきです。それぞれ事情はあるでしょうが、やはり最善の策を選ぶべきでしょう。

逆説の思考法

順番を間違えるな

健康になろうとしてストレスをためる人

私はお酒をたしなみます。家では飲みませんが、夜は基本的に外で食事をしながらお酒を飲みます。ランチも外食です。メニューも制限せずに好きなものを食べます。とくにお酒を飲んだあとのラーメンは、うまい！

こういう話をすると一部の人から、「中山さん、あなた死にたいんですか？」「せめて週1回は休肝日を設けたほうがいいですよ」「夜のラーメンなんて、もってのほかです」などのありがたいご助言をいただきます。

でも私としては、健康オタクなライフスタイルのほうが健康によくないように思えます。好きなものを食べない、お酒も飲まない、あれも我慢これも我慢。そんな人生って幸せでしょうか。ストレスがたまるだけではありませんか？

お酒やラーメンを遠ざけるライフスタイルが自分の心身に合っていて、日々の暮らしを楽しめているのなら何も言いません。「お好きにどうぞ」です。

でも、多くの人たちは楽しむどころか、**得体のしれない〝健康なるもの〟に囚われている**ように映ります。つまり主体的に選んでいるのではなく、健康にいいという思い込みや幻想に振り回されているイメージです。

私は好きなことを楽しみ、**ストレスをためないことが健康に一番いい**と思っています。

独立してからは嫌な相手と仕事をする必要がなくなりましたし、早朝や深夜の打ち合わせもしなくなったので、すこぶる健康になりました。冒頭に書いたように好きなものを食べ、好きなように飲み、仲間と楽しい時間を過ごしています。

運動らしいこともしていません。

でも、もともと街歩きが好きなので時間が許す限り歩いています。

東京駅から新宿駅まで電車なら15分、まっすぐ歩けば1時間半で移動できるところを、あちこち寄り道しながら数時間かけて歩くこともあります。

この街歩きでイロイロ相殺《そうさい》できているのでしょう。

自分の好きなように、好きな仲間たちと飲食し、大好きな街歩きを楽しんでストレスフリー、これが私の健康法です。

同じことをする必要はありません。

自分なりの方法を探しましょう。

でも、くれぐれも〝健康なるもの〟に人生を支配されないようにしてください。

逆説の思考法

〝健康なるもの〟が人生をつまらなくする

33

自分が言いたいことを言うのは、単なる宣伝だ！

営業マンに限らず、まずは自分から語り、積極的に説明することが美徳であり、デキる人であると教わる傾向にあります。高度経済成長時代の〝創れば売れた時代〟ならいざ知らず、今はそれでは絶対にダメです。

自分が言いたいことを一方的に話す。これでは単なる〝宣伝〟であり売り込みでしかありません。そこに会話やコミュニケーションは成立しませんし、下手すると嫌われるだけです。しかし視点を変えて相手が知りたいことを語れば、それは〝プレゼンテーション〟になります。

プレゼンテーション＝プレゼント。ビジネスで生きていくには、売り込みではなく、プレゼント上手を目指しましょう。つまり語るということは本来、何かを差し上げる行為。お客さんが欲しいものを見極め、提示したときに初めてコミュニケーションが成立するのです。

要は、**考え方の中から一度、自己都合を捨ててみよう**ということです。「成績を上げたい」「稼ぎたい」「実績をつくりたい」。これらは全部売る側の自己都合。そこに〝相手との関係性〟などありません。ビジネスというのはすべて関係性の結果です。いい関係性をつくれる人は、いい成績を上げられる。**関係づくりが下手ならば、成績も下がります**。

成績＝関係性。そう考えると、いかに言いたいことを我慢するのが重要かわかりますね？

私の親友である営業の達人・小林一光氏は、「我慢はスキルである！」と喝破しました。

あと一日相手に考えさせる、考えが熟成するのを待ってあげる。

その結果、大きな成果が生まれたり、価値ある仕事につながるのです。焦らず、急がず、じっくりと関係づくりに集中する。そこが重要です。

逆説の思考法

宣伝ではなくプレゼントをしろ！

34

敵をつくれば、味方ができる

「敵が多い、だから私は幸せだ」

ピエール・カルダンというデザイナーがいます。少し古い時代のデザイナーですが、一世を風靡《ふうび》したスゴイ人です。このピエール・カルダンについて、橋本恒夫さんというコピーライターが書かれた広告のコピーが、表題のフレーズです。

敵が多いということは、その分エッジが立っている。嫌いな人がいるからこそ対立軸としての味方ができる。まさに作用反作用の法則です。

敵が多い人というのは、その分、輪郭が明瞭だということ。だからその〝輪郭〟を求める人だけが集まり、やってくる。

そこにこそ、まさに本当の「ファン＝ファナティック＝狂信者」が集まる。

この**狂信者を集める行為を、ブランディングという**のです。

ビジネスはファンづくりからスタートします。自分自身が商品だからです。

あえて敵を設定する、これは大事です。敵を明確にすることで、その人のこだわり、生き様が見えてきます。だからエッジがキラキラと光ります。結果、それをよしとする味方が集まります。そうやって**〝敵〟を対立軸として集まった味方は強い**です。

はるか以前、ダイエーの創業者・中内功さんは、「見るは大丸、買うはダイエー」という、敵を強烈に意識したコピーを展開しました。それで「ひょっとしたら、百貨店は主婦の味方ではないのかしら？」と気づいた奥さまたちが、一気にダイエーに押し寄せたのです。

これが敵をつくるということの意味です。そのうえで去って行く人を追わず、結果、意志が通じて残ってくれた人たち。これを本当の人脈といい、味方と呼ぶのです。

敵をつくるために自分のエッジを立たせるには、敵を示す言葉を駆使するのが一番です。

たとえばコンビニのセブン-イレブン。初期のCMのフレーズを憶えていますか？

「セブン-イレブン、いい気分♪　開いててよかった♪」

と流れていました。それまでの小売店は、どちらかと言うと本当に開いていてほしいときに開いていなかった。電球が切れても電気屋さんは閉まっているし、お米が切れても米屋さんは開いてない。そんな実態に強烈な楔《くさび》を打ち込んだのが、セブン-イレブンでした。

コンビニエンスストアの興隆は、既存の小売店を敵として始まったのです。

嫌われることを怖がる人が多いです。当然だとは思います。嫌われたくないから、全方位的にみんなに好かれようとする。これを八方美人と呼びます。

私が敬愛するコピーライター、仲畑貴志さんの本に、『みんなに好かれようとして、みんなに嫌われる。』（宣伝会議）というものがありますが、まさにそうなるのです。

私たちはしょせん、世界中の人と付き合うことなんてできない。だからこそ敵を明確にして、反作用としての味方を見つけるべきなのです。

逆説の思考法
わけあって嫌われよう

資格の横並びから抜け出そう！

一生懸命がんばって努力を重ね、やっと手に入れた資格。あなたの未来にとってその資格は大きな武器になるでしょう。

でもその資格はほかにも誰かが持っているもの。資格によっては何万人、何十万人とまさに〝ライバル〟がいます。それを名乗った瞬間、あなたは相手と同じ土俵に上がることになります。そう、名乗った瞬間から同じ資格を持つすべての人がライバルです。

そうならないために、**「資格＋X」「X＋資格」というオリジナルのジャンルをつくり、そこでのオンリーワンを目指す**べきです。

ビジネスで勝利を得ようとするなら、まず考えなければいけないことがあります。それは、〝ライバルと違って見えること〟です。同じようにしか見えなければ、安い、有名、歴史のある……といった、無難なほうが選ばれます。違って見えること、それが選ばれる条件です。みんなが同じ真っ白いパッケージだったら、どれを選べばいいのかわかりません。だから選べないし、選ばれない。ですが、その中にたった一つだけ青いパッケージの商品があったら、唯一、選ぶ理由ができたことになります。

いわゆる取っかかりです。この**取っかかりがなければ、人は選べない**のです。

そして、もうおわかりだと思いますが、資格名だけでは取っかかりにはなりません。だからこそ資格をそのまま名乗るのは、決して得策とは言えないのです。

たとえば、社労士と名乗らずに「謝労士」とシャレを使ってみる。管理栄養士なら「カンリエイヨウシ」とカタカナで名乗ってみる。少なくともその程度の工夫は必要でしょう。

逆説の思考法
資格名は武器にならない

36

猿に話しかけていませんか？

猿……そう、あの動物園にいる猿です。

彼らに一生懸命、話しかけたことがありますか？

ないですよね？　普通。いや、あなたはないと思っている。でもそれ、じつはやっている人が結構多いです。もちろんこの場合の〝猿〟というのは比喩、たとえ話です。

つまり、猿とは**〝言葉の通じない相手〟**のこと。

あなたが一生懸命話すことに対し、その意味も理解できなければ言葉もわからない。それどころか聞こうとも、見ようともしていない相手のことです。

たとえば広告。

いくらお金をかけて制作しようと、ピンと来ないものは来ません。

そのピンと来ていない相手に、言い回しを変えて何度語っても、悲しいですがそれは永遠に届かないカラ回りゲームでしかありません。

つまりは、使ったスタミナ、費用、時間……すべて無駄。

ドブに捨てるのと同じことです。

この〝じつはドブに捨てる行為〟をやっている人や会社、店……じつに多いのが現状です。

ターゲット、つまり伝えるべき相手を間違えていては、どんな苦労も水の泡。言語が違うし、暮らし向きが違う。闇夜でカラスに話しかけても、相手は「自分に言われている」とは思わない。この場合、言い回しをいくら変えても無駄です。

大事なのは、〝話しかける相手〟を変えること。

猿やカラスではなく、言語のわかる〝人〟を相手にするべきです。

しかも日本語で語るなら、日本語がわかる相手でないといけません。

つまり、話しかける相手が理解できる言葉を選ばないといけないのです。物理学をまったく知らない相手に、物理の専門用語をいくら語っても意味がない、そういうことです。

私はこの、〝猿に一生懸命語る〟という場面をたくさん見てきました。

そして通じないからと言って、ますますお金を投じ、無駄なコミュニケーションを重ねている人もたくさん見てきました。

やめましょう、その無駄。捨てましょう、その間の抜けた努力。

言い換えれば、その間の抜けた意味のない努力を回避するだけで、あなたのビジネスはかなりの確率でうまく回るし、経済効果すら生まれてくる。そういうことです。

逆説の思考法

猿やカラスは相手にするな

37

「何でもお申し付けください」は、口にした瞬間アウト！

取引先とは相互に対等な関係です。お金を出すほうが偉いわけでも、立場が上なわけでもありません。発注する側は仕事を成し遂げるためにお金を用意し、受注する側はスキルやノウハウなどのリソースを提供して対価を受け取ります。

つまるところ、**お金とリソース**の交換なのです。

仕事におけるリソースは知識、技術、経験、行動に分解できます。

弁護士ならば、法律や裁判に関連する専門知識、諸問題を解決する専門技術、法曹界における経験を有しています。

依頼主が抱える課題を解決するために知識と技術を総動員し、経験に基づき行動する。これが弁護士の仕事であり、それら一連の仕事に対して対価を得ているわけです。

広告デザイナーならば、広告やデザインの専門知識、イメージを視覚化するスキル、広告業界における実務経験を駆使して、クライアントが期待する広告物を制作します。

仕事の対価は知識・技術・経験・行動の総和に対して支払われるので、新入社員のように専門知識や専門技術、経験が乏《とぼ》しい場合は圧倒的な行動で補うことになるでしょう。

また、ベンチャー企業は経験こそ乏しいですが、圧倒的な専門知識や専門技術があれば、そこでカバーすることができます。

では、あなたのリソースは何でしょうか?

そのリソースこそがあなたの強みであり、相手に提供するコアな価値です。

もったいないと思うのは、あいさつ代わりに「何でもお申し付けください」と言ってしまう人です。何でもできるスーパーマンなら別です。でもそんな人はいませんから、「何でもお申し付けください＝強みやコアな価値はありません」と聞こえます。

知識・技術・経験に乏しい新入社員のように、行動だけを売りにしてはいけません。

同様の理由で、「いつでも伺います」も軽々しく言ってはいけません。

この言葉もリソースの中で、行動だけを自慢するセリフだからです。

あなたが発注者なら、知識も技術も経験もない、行動力だけの人に仕事を頼もうと思いますか？　思いませんよね。

「何でもお申し付けください」「いつでも伺います」は使い勝手のいい便利な表現ですが、これらは相手に便利に使われることになる言葉です。

行動や便利さではなく、あなたのコアな価値で勝負してください。

逆説の思考法
行動ではなく、価値を提供しよう

名刺は何十種類も持て！

相手が求めているものは人それぞれ違うのに、なぜ名刺だけは一種類なのでしょうか？

極論、名刺は相手一人ひとりに対して全部違ったものでもいいくらいです。

名刺の「し」は「刺す」という字です。相手の心に刺し込まなくてはいけません。

一人ひとりに名刺を変えるのはさすがに無理ということであれば、せめて何パターンかを用意し、相手によって使い分けるようにしましょう。効果は抜群です。たとえば私は独立直後、**毎日のように名刺をつくり替え、出かける度に、会う人ごとに渡す名刺を変えていました。**

相手にとってマーケティングに長けた人が魅力的に映りそうだとしたら、〝マーケティングの達人〟として現れる。肩書きは〝売る技術のデパートオーナー：中山マコト〟のような感じ。これから会う人が通販会社の社長だったら、通販コピーの専門家として〝1行の変更で10倍売る通販コピーマジシャン：中山マコト〟のような感じです。

こうして次々に依頼を勝ち取ってきました。

名刺は、交換したその場で読んでもらうため、そして出会った瞬間の理解度を最大化するためのものですが、昨今とても失礼極まりないスタイルの名刺が幅を利かせています。

それは「詰め込み型の名刺」です。ジャバラ型でビラビラと開くタイプのもの、製本されたもの、折り紙のように折りたたまれ開くとA4サイズになっちゃうもの……。

「読んでくれるな！」と言っているようなものです。とくに、交流会などの多くの人が集まる場でそんな失礼な名刺を渡すことは、まさに礼儀知らず。工夫してそぎ落として、できるだけコンパクトな名刺にする努力をしましょう。そして新たなクライアントを開拓するのです。

逆説の思考法

相手によって肩書きは変えなさい

39

名刺は必ず何箇所かに分散して持とう

私は名刺を分散して持ち歩いています。

第一の理由は、うっかり対応です。

いざ名刺交換という段になって「あ、名刺入れがない」なんてことありませんか？

今日は荷物が多いからこのカバンにしたけれど名刺入れは前日使っていたカバンに入ったままだった……、昨日は立食パーティだったたから名刺入れをスーツのポケットに入れたけれど、カバンに戻すのを忘れてしまった……などなど。そんなうっかりミスをしても、手帳や財布に何枚か入っていれば急場はしのげます。

第二の理由は、ちょっとしたテクニックのためです。

会社員時代には、不特定多数が集まるパーティやイベントなどに参加する機会が少なからずありました。出席すればかなりの数の名刺を交換することになります。でも名刺交換以前に、挨拶の仕方や話し方などから、「この人とはもう会う必要もない」と思う人もいました。率直に言って、名刺を渡すのさえ嫌だと思った人もいます。

だからと言ってその場であからさまに名刺交換を断るわけにはいきません。

そんなとき〝ちょうど〟名刺が切れてしまったら仕方ないですよね。

そのために、名刺をお渡しできないことが幾度かありました。

悩ましいのは、ちょうど名刺が切れたあとに「この人とはまた会いたい！」と思う人と出会えた場合です。そんなとき別の場所に名刺を入れておけば「あ、もう一枚だけありました」と言って、名刺交換に応じても不自然ではありません。

名刺が切れたとお伝えした相手にも角が立ちませんし〝貴重な最後の一枚〟を受け取った方も悪い気はしないでしょう？

今すぐできる簡単なテクニックですから、ぜひ実行してみてください。

もう一つ、このやり方の究極の裏技をお教えしましょう。

それは、「あと追い」です。

いったん「名刺が切れちゃいました！」と言って、渡さずに別れます。で、その方の服装の特徴や見た目の特性を記憶しておきます。

そしてしばらく経ってから、隠し持っていた名刺を手にその人に声をかけます。

「先ほどは失礼しました。どうしてもこのままではいけないと思ったもので、社員に言って名刺を持って来させました！」と言って渡すのです。

相手はかなり恐縮します。そして話が弾む……という訳です。

この方法はかなり効果的ですが、あまり頻繁に使うとバレてしまって使えなくなるので、ほどほどにしましょう。

逆説の思考法

「名刺がちょうど切れちゃいまして……」を使おう

40

領収書をスムースに受け取る裏技

この本では飲食店に関するトピックスがたくさん出てきます。私が外食好きだからでもありますが、一番の理由は前述したように飲食店がヒントの宝庫だからです。

お店では良質な一次情報を得たいし、気分よく過ごしたい。こちらにとってもお店にとってもいい時間を過ごして、心から「またお待ちしております」と見送ってもらいたい。

さて帰ろうか……というタイミングで突如として浮かび上がるのが領収書問題です。

顔も名前も覚えてもらっているお店ならともかく、大抵はスタッフに尋ねられます。

「お宛名はいかがいたしますか?」

このとき社名を口頭で伝えて、一度でうまくいったケースは少ないと思います。

大抵は、「大川建設です。大小の〝大〟に、三本川の〝川〟」などと、漢字を解説しなければなりません。カタカタや英語になると、小さな母音や濁点や音引きなど、説明するのも一苦労。

こちらは丁寧に説明したつもりでも、「大川建設、前（株）でお願い」と言ったら、宛名が「大川建設前株さま」になっていたとか、「上でいいです」と言ったら「上出さま」と書かれたとか、冗談のようなホントの話は枚挙にいとまがありません。

その手間を省くため、自分の名刺を渡して「この社名でお願い」作戦が編み出されたりもしていますが、**私のオススメは領収書専門カードの作成です。**

なんてことはない、名刺サイズの用紙に領収書の宛名にしたい社名や団体名をドンと書いておくだけです。

名刺よりも文字を大きくできますから、薄暗いお店でも見やすいのがメリット。

少々複雑な漢字でも、スタッフがカードを見ながら書けます。

そんなカードを持っている人は少数派ですから、

「お名刺とは違いますね。何のためのカードですか？」

「領収書を頼むことが多いから、専用のカードをつくったんだ。見やすいでしょう?」

という具合に、お店の人とコミュニケーションを取る機会にもなります。

お店の人たちにとっても、宛名書きは正直面倒なもの。

その大変さを理解したうえで、課題解決してくれたお客さんが印象に残らないわけがありません。気の利いた人・親切な人として、もてなしてくれることでしょう。

相手の大変さを慮るからこそ、結果として自分のことも大切にしてもらえる。

これはすべての人間関係に通じる基本ではないでしょうか。

逆説の思考法

領収書用カードをつくろう

不要な知識など一つもありません

どんなにつまらないと思えることでも、知っていて損はありません。

知識は大事です。

実際私は、今よりも若いころに誰も知らないだろうB級アイドルのことでクライアントの担当窓口と意気投合して、大きな仕事を手に入れたことがあります。

今ならさしずめ、AKB48の下部組織のアイドル1人に詳しい、という感じでしょうか。あるいは地下アイドルについての知識かもしれません。

まずは浅くてもよいから……増やす。

聞きかじりでもよいから……増やす。

これが知り合いを増やす接点になるのです。

ですが、本当に大事なのはそこから。広げたものを収束させていき、深掘りするステップが重要になってきます。広げた中から、とくに関心を強く持った部分に深く入っていくのです。

人脈論的に言えば、深く知る＝エキスパートです。

そして、エキスパートは信頼されます。

なぜなら、深く濃い知識は、意志決定に活かせるからです。

本当の情報・知識を持っている人は、プロフェッショナルとして重用され、信頼されます。

たとえば世間的にはひよっこと呼ばれる年齢で、まったく常識すら持ちあわせていない梨園《りえん》の御曹司が、舞台に上がるだけで大きな評価を手にし、高い評価を受ける場面をあなたも目にしたことがあるでしょう。

深い知識を持っていると人付き合いも深くなるのです。

それは色々な分野のエキスパートが集まってきやすくなるからです。

何か一つでいいから〝**自分はこの分野なら負けない！**〟と言えるものを持ちましょう。

本を読むのもよいでしょう。専門家に話を聞くのも一つでしょう。

とにかく一度、徹底して一つの分野に踏み込んでみてはいかがでしょうか？

自己啓発の大家、アール・ナイチンゲール博士はこんな言葉を遺しています。

「一日1時間、ある特定の分野の本を毎日読み続ければ、3年でその分野の専門家になれる」

「出勤前に専門分野の本を1時間読む。それを5年続ければその分野のエキスパートになれるだろう。7年続ければその分野の世界レベルに行けるだろう」

まさに、小さなことへの興味が、深くて強い知識に育ち、結果、あなたの評価を高め、あなたを成長させてくれるということです。

逆説の思考法

アイドルの知識も大きな仕事につながることがある

42

インターネット依存症を抜け出そう！

あなたの周辺に、インターネット経由の売り上げだけで巨額を稼いでいる人……いますか？ いるとしても恐らく1000人に1人＝0・1％の世界です。ネットで取りざたされている億万長者と称される人たち。ほぼ確率的にはゼロ。砂漠で小さな宝石を探すようなものです。インターネット経由だけで充分食えているという人も、おそらく100人に数人＝5％内外の話です。そう……ネットだけに頼っていては稼げないのです、ほとんどの人は。

考えてもみてください。ネットで稼ぐ手法、ホームページのSEO……その方法を解説した教材が毎日出現し、毎日購入されていく。それはつまり決め手になるノウハウがないということですよね？　だから……多くの人は稼げないままに終わってしまう。

加えてもう一つ大問題があります。

それは……ネットだけで稼げるようになるのには非常に時間がかかるということ。高額を投じてホームページをつくった、ＳＥＯの専門会社に毎月お金を支払う、それで半年や一年続けているのに、月の売り上げ数千円、稼げても1～2万円……そんな感じです。稼げているのはほんの少しの天才だけ。

そんなやり方……恐らくですが真似できません。なのに、どうして「ネットで稼ごう！　ネットを使って商売を成功させよう！」となるのでしょうか？　これを私は **〝ネットで稼がなきゃシンドローム〟** と名付けました。シンドロームですから、ある種の病気です。

仕事の多くは、「リピート」と「紹介」でやってきます。

私の場合も、16年前に独立したころにできたクライアントからの売り上げが、今も7割あります。残りが本の読者などからの依頼です。

たとえば、こんなケースがあります。

私の仲よしのデザイナー、仮に高橋君としましょう。彼はホームページなんて持っていません。ですが毎年数千万円の収入があります。そして彼の集客法はじつにシンプル！

知り合いを辿って人と出会い、作品を見てもらい、その日のうちに仕事をゲットします。その出会う数は毎日2～3社。それで月間の売り上げは300万～500万くらいはあります。

たとえば、私の知り合いの中小企業診断士がいます。彼の主たる収入源は、○○県人会を通じて知り合ったクライアントです。自分の出身県の県人会を見つけ、登録し、会合に顔を出し、同じ地元出身の経営者から気に入られ、仕事をガンガン受注しています。実力があるので次々と紹介で仕事がやってきます。**どちらもめちゃくちゃアナログですよね。**

世の中には無数の人がいます。そこには、あなたのチカラやあなたの商品を欲しがっている人や会社や店がたくさんあります。これはもう……無限にある。

加えて言えば、ネットの向こうにいるのも結局は人です。あなたはそのあなたを待っている人たちに、直接あるいは、紹介でアクセスするやり方を持てばいいだけです。

逆説の思考法 ネットで稼ぐのは、あと！

同志を、つくれ！

Chapter 5

43

クライアントの受付スタッフを味方につける方法

クライアントの会社に電話したとき、最初に会話を交わすのは高い確率で受付スタッフ（女性であることが多い）です。打ち合わせに行けば応接室まで案内してお茶を出してくれます。具体的なビジネスの話をする担当者とのコミュニケーションは意識していると思いますが、**いつも一次対応をしてくれる受付スタッフにも目を向けてみましょう。**

社内では、上席の秘書やアシスタントと普段から仲よくしておくと、「専務に提案したいことがあるから、機嫌よさそうなときを教えて」「明日、朝一番に社長にこの書類を見てもらいたいんだ」など、ちょっとしたお願いごとをしやすくなります。

つまり彼女たちに出張のお土産を買っていったり、大量のコピーや荷物運びなどを手伝ったり、あれこれ工夫したほうがいいというのはおわかりいただけるでしょう。

社外にもそういったお願いごとができる人がいたら心強いと思いませんか？

そう、クライアントの会社の女性スタッフを味方にするのです。

味方になれば、彼女たちが上司のスケジュールを調整するときに、競合他社よりもあなたのアポイントを優先してくれます。担当者には面と向かって聞きにくいことを質問したり、進捗をさりげなく確認したり、いい意味でクッション役になってくれることでしょう。

そのためには、あなたが会社に出入りするといいことがある、と彼女たちに思ってもらう必要があります。

その会社に手土産を持っていくなら、どこでも買える菓子折りではなく女性に人気沸騰中の洋菓子店に行き、並ばないと買えないとウワサの詰め合わせを用意しましょう。あなたの好感度が急上昇すること請け合いです。

もちろん、それだけでは味方になるわけがありません。が、たとえば以前の取引先は打ち合わせの日程変更が多くて、上司のスケジュール調整が面倒だったけれど、あなたの会社が取引先になってからはその手間がなくなった、ということでも構いません。

彼女たちの苦労を先回りし、負担を軽減してあげるのです。

そして、折に触れて彼女たちの苦労や工夫を労い、承認欲求を満たしてあげる。

「この人は自分の仕事を見てくれている」と思えば、信頼を寄せてくれるでしょう。

ただし、彼女たちもプライドを持って仕事をしていますから、間違っても格下扱いや見下すような態度は絶対ダメです。

彼女たちが社内で「あの人、感じ悪い」「ムカつく」などと不快感を口にすれば、仕事に支障が出かねません。

クライアントの女性スタッフは敵にも味方にもなり得るのです。

一次対応してくれるスタッフを、最強の味方にせよ

44

クライアントを喜ばせるな！

企画を立てたりアイデアを発想するとき、ややもすれば犯しがちな間違いがあります。

それは……クライアントばかりに目が向いてしまうこと。

ある意味、クライアントにとって都合のよい企画は、その先の「エンドユーザー＝消費者」にとってはピンとこない内容だったりします。

社内の都合に合わせただけの魂のない企画が平気で通ったりする会社があります。これは受ける側も提案する側も最悪。何の価値もない、経費の垂れ流しです。

社員が一生懸命働き、稼いだお金。

消費者が、生活者が思いを込めて支払ってくれた結果の売り上げ。

それを自分の都合だけで使うのは言語道断です。中には、その上の上司、ひょっとすると社長の顔色ばかりを窺《うかが》っている人もいます。

そうなるとエンドユーザーとの心の距離はどんどん開き、見向きもされない企画に成り下がります。そんなとき、決しておもねず、勇気を持って「それは違う！」と言ってあげましょう。ひょっとすると、クライアントは耳の痛い内容に腹を立てるかもしれません。でも、結局は巡り巡って、クライアントのためになるのです。

相手によっては、仕事は一時的に減ってしまうかもしれません。ですがそれは、本来付き合うべき相手ではなかったというだけのこと。必ず誰かが見ていてくれます。


「**誰かが必ず見ていてくれる**」


私はこの表現をよく用います。

それには確固たる自信があるからです。

たとえば会議の場。クライアントの担当者の言いなりにならず言うべきことは言い、指摘するべき点はしっかりと指摘する。そんな姿勢でやってきました。

結果、そのプロジェクトから外されたことも理不尽な仕打ちを受けたこともあります。が、そんなとき、必ず同じ会社の別の方から声をかけていただきました。

「私たちのチームにはあなたのような人が必要だ」

そうして結局、以前よりも面白い、やりがいのある仕事に巡り会ってきました。

私の大好きな作家・今野敏《こんのびん》さんの小説に、「戦おうとしている人に味方はできない！　戦っている人にだけ味方はできるのだ！」という趣旨のフレーズが出てきますが、まさにその意味がこれです。

逆説の思考法

孤高になると、味方から声がかかる

45

付き合っている人自慢ではなく、付き合わない人自慢をしよう！

私は、誰と付き合っているかではなく、誰と付き合っていないかを重視すべきだと考えています。自分が誰と付き合っているかをやたらと自慢したがる人がいます。私の周辺にもそんな人が大勢います。

でも私はこう思います。そういう、「付き合っている人自慢」をする人に限って、大した人脈でも、深い付き合いでもない場合が多いと……。ここが大事なポイントですが、見ている側からすると、「付き合っている人自慢」をする人は「薄っぺらく」見えるのです。

自慢すればするほど、「どうせまた、すぐに別の人にすり寄って行っちゃうんじゃないの？」という印象を持たれる。これ、とても損です。

ではどうしたらいいのか、どうあるべきなのか？　と言うと……〝付き合ってない人自慢〟です。**「かくかくしかじかの理由で、私は○○さんとは付き合わない！」**とハッキリと外に向かって言うということです。

もちろん根拠のない先入観ではなく、明快で具体的な理由がないといけません。そうでなければただの「食わず嫌い」です。

私自身、ハッキリ言って考え方がどうしても合わない人、私にはどうしても受け入れられない仕事をやっている人、どうしても受け入れられない仕事のやり方をする人、相容れない人がたくさんいます。だからこそ私はハッキリと言葉に出して「あの人は嫌い！」と言います。

すると何が起こるかといえば、反作用です。

つまり、「中山さん、○○さんと付き合っていないんですよね？　私も彼とは合わないんです。だから友だちになってください！」というようなことが起きます。

つまり、**私と合わない○○さんという人をフィルターとして、気の合いそうな人が寄ってきてくれる訳です。**これはとても素敵で嬉しいことです。

だって考えてもみてください。

もしハッキリと宣言していなければ、合わない人があなたのところに寄ってくる可能性は高いです。寄ってこられればそう冷たくもできません。これは大きな時間のロスであり、ストレスにもつながります。

どうせ合わないのなら、接点を持つ必要はない。だからハッキリと口に出すことが大事です。

人脈というのは広げるよりも絞るものです。

収斂《しゅうれん》こそが人脈の本質です。

だからこそ、恐れずに自分の持ち味をシャープに打ち出すべきです。付き合っている人のことは忘れて、付き合わない人を明確に打ち出すようにしてみませんか？

逆説の思考法

嫌いな人を設定すると、好きな人だけ寄ってくる

46

「美味しい店MAP」で口説こう！

あなたの会社や事務所の近所に、「美味しい店」「気になるメニュー」「面白い飲みものがある店」は、どのくらいありますか？　まじめに探すと結構あるものです。そして、人というのは「美味しいもの」にはとても弱いです。

「こんなものを食べさせてくれる店があるんですけど、一緒に行きませんか？」

この言葉には圧倒的に弱い。

だから、世界でたった一つの「オリジナル美味しい店ＭＡＰ」をつくるのです。

やり方は簡単です。近所の店に実際に出かけ、実際に注文し、体験してみて、「これはいいね！」というものだけを選び、ＭＡＰにするだけです。

一人でやるのがキツければ仲間やスタッフで分担してもよいでしょう。メニュー名、特徴、価格、量など……**体裁などはこだわらずに、気づいたことを一覧にして載せるだけです。**

できれば趣旨を伝えて、お店の了解を取り、画像を載せさせてもらうのがベストです。

そのＭＡＰをあなたのクライアント候補にたくさん配ることで、その店にもお客さんが増える確率が大きくなるわけですから、決して嫌な話ではないと思います。

勇気を持ってお願いしてみてください。

ただし、ここで絶対に注意してほしいことがあります。

それは、**情報誌やネットのグルメサイトの情報は絶対に信用しないこと。**

事実、情報誌というのは記者が店にも行かずに電話取材や資料書きだけで済ませているケースも多いようです。ネット情報もしかり。ですから、そんな情報を信じた瞬間にあなたが恥をかいてしまうことになりかねません。必ず自分たちの足で探し、目で見て、舌で味わったもの。自ら自信を持って紹介できるものだけを載せるようにしてください。

この「美味しい店ＭＡＰ」。

私が仲間たちと二つ目の会社を創ったときに催した披露パーティのお土産に使ったのですが、受け取ったお客さんが、「これ、うまそうだな。あいつのオフィスを訪ねるときに寄ってみよう」と思ってくださることを想定したものです。食いしん坊なら「次回の打ち合わせも人形町に来ますよ。そのあと、あのお店で飲みましょうよ」となるかもしれません。

オリジナリティがあり、期待する効果も明白。

この趣旨に賛同した社長のポケットマネーで、ランチとディナーあわせて30店舗ほどを開拓してリスト化しました。

フリーペーパーのようにすぐ捨てられては困りますから、大事に読んでいただけるよう、きれいに製本してお渡ししました。

期待通り、お客さまには大変喜んでいただいたものです。

逆説の思考法

MAPはお土産として武器になる

47

いつも、宝くじを持ち歩こう

日常のちょっとしたプレゼントって、いいものですよね。

出勤シフトを代わってもらったり、急ぎの書類を仕上げてもらったりしたときに、「ありがとう」の言葉と一緒に、キャンディやチョコレートのような、ちょっとしたものを渡します。

受け取った相手が気を使わないでいい程度のささやかな、でも心の込もった贈りもの。こういう**何気ない日常に生まれる小さな喜びは人間関係を円滑にしてくれます。**

ここでちょっと、ひとひねり。

私はちょっとしたプレゼント用に、宝くじを用意していました。

飴やチョコもいいけれど、宝くじは意外なアイテムなので「おや？」となります。このつかみが重要です。というのも、私は取引先でプレゼントしていたからです。

取引先に手土産を持っていく場合、２０００円から３０００円くらいの菓子折りが多いのではないでしょうか。こういった菓子折りは基本的に社内で分け合いますから、担当者が食べるのはせいぜい一〜二つです。

それで思いついたのが宝くじでした。現金３０００円だと誰も受け取りませんが、宝くじ10枚だと、**「ここへ来る途中で多めに買ったので夢のおすそわけです。大当たりしたらドカンとお祝いしましょう」**などと言って差し出すと、たいていは受け取ってもらえます。

その宝くじで何億円という大金が当たるなんて信じてはいないけれど、発表までは捨てられないのが人間のサガ。ただし自分で買ったものではないので、その後、宝くじは会社の引き出しに入れっぱなし、その存在を忘れる人も多いです。

でもプレゼントした私は違います。どの会社の誰に何番の宝くじを渡したか、きっちりメモを残していて、当選発表の当日はすべての番号をチェックします。

もしも当たりがあれば、**「今日の当選発表はご覧になりましたか？　私は全滅だったんです**

逆説の思考法

が、近い番号で当たりが出ていたので、もしかすると○○さんに贈った宝くじが当たっているんじゃないかなと思って」と電話をします。

クライアントは急ぎ当選番号を確認し、興奮した声で電話を折り返してくれます。

「**中山さん、ありがとう！　当たっていたよ。久しぶりにドキドキしながら番号を確認しちゃってさ〜、楽しかったよ**」

宝くじは渡したときに相手の心をつかむことができ、当選すればこういうドキドキワクワクを演出できます。当選しなくてもいいのです。人からもらった宝くじに本気で期待する人はいません。外れたら外れたで「今回は残念でしたね。次は当たる宝くじを持ってきますよ」などと、笑ってネタにすればいいのです。

ちなみに私が渡した宝くじでは当たり番号が出ています。さほど高額ではないですけどね。でも、いつか出るかもしれませんよ、７億円。お楽しみに！

夢を配ろう

「6次の隔《へだ》たり」を徹底して使ってみる

「6次の隔たり（Six Degrees of Separation）」という理論があります。

これは、〝**人は自分の知り合いを6回以上介すると、世界中の人々と間接的な知り合いになることができる**〟という仮説です。多くの人数で構成される世界が、じつは比較的少ない人数を介することでつながっているというスモール・ワールド現象の一つと言われています。

Facebookなどの SNSに代表されるネットワークサービス、じつはこの仮説が下地になっていると言われてもいます。

人には、平均44人の知り合いがいるらしいです。

つまり1人の人と知り合えば、44人と知り合いになることが可能だということです。その44人と出会うことで、次にはそれぞれの44人の知り合いと知り合うことができ、その結果、44×44＝1936人と知り合いになることができます。

さらに、この1936人それぞれの44人と出会い……というのを仮に6回繰り返したとします。すると、44×44×44×44×44×44＝7,256,313,856人と知り合いになれるはずです。

この数字は、ほぼ地球上の全人口。

つまりこの仮説で、地球上のすべての人と会うことができるということになるわけです。

「そんなアホな！」とピンと来ない方もいるでしょう。ですが、この仮説はかなりの勢いで証明されています。

世界人口は73億人を超えました。

今やインターネットのおかげで、IT環境さえ整っていれば、地球上のどこにいる人とでもつながることが可能です。諸説ありますが将来的には90億人程度まで増えると言われていますので、つながることができる人間はさらに増えます。

極論すれば、松田聖子さんでも、アメリカの大統領でも、マサイ族の長でも、誰とでもつながれる可能性があるわけです。

もちろん、つながることと実際に会えることは違います。

しかし、「水族館でイルカショーを担当している人に取材をしたい」「このポスターを制作したデザイナーに依頼したい案件がある」など、つながりを求める具体的かつ妥当な理由があり、然るべき友人知人に呼びかければ、その人物を紹介してもらえる可能性があります。

ここぞというときは、ぜひ6次の隔たりを利用してみましょう!

逆説の思考法

この世界で、つながれない人はいない

49

人脈の仕入れ方

「人脈を仕入れる？　なんだそりゃ？」と思った方もいるでしょう。

結論から言ってしまうと、**いい人脈は、仕入れない限り手に入りません。**

「色んな人に出会っていくうちに、いつか……偶然の劇的な出会いがあるかも！」

そう考えているあいだは、絶対に最高の人脈は生まれません。

仮にあったとしても、それはまったくの偶然。再現性のない、資産とは呼べない体験です。

さて、仕入れとはどんな意味でしょう？　それは、**欲しい商品を指名する**ということです。

一般の小売りの例で言えば〝メーカーや問屋に押しつけられる〟のではなく〝自分が、自分の意志で売りたいと思う商品を、最適な量で発注する！〟という行為です。

ここで大事なのは、〝最適な量〟という部分です。自分の販売力やお客さんの特性に応じて、必要な分を確実に発注しなければ、単なる不良在庫や品切れになってしまいます。

じつは、人脈もこれと同じです。ただ闇雲に増やすだけでは不良在庫になってしまいますし、足りなければ役に立ちません。だからこそ適性に応じた〝適量人脈〟が必要で、そのためには、**「自分がきちんと対応できる量」**と**「自分に向いている商品」**が必要になるわけです。それが適量人脈の考え方です。

言い換えれば〝**自分がもっともチカラを発揮できる、付き合いの総量**〟ということです。

ここを見誤ると悲惨です。相手構わず誰とでも付き合う。結果、本当に大切な人との時間が取れなくなってしまう。先入観や好みで選び、大切な人を失う。だから……選びましょう。こんな商品を売りたい＝こんな人と出会いたい！　この「誰と会いたいか？」がはっきりしてさえいれば〝仕入れ〟の質も量も、誤ることはありません。

逆説の思考法

人脈の不良在庫は処理しよう

50

届かせる努力を惜しんではいけない！

売野雅勇《うりのまさお》さんという作詞家がいます。私の大好きな矢沢永吉さん（以下、尊敬をこめて〝永チャン〟）の『SOMEBODY'S NIGHT』『PURE GOLD』などを書いた人で、名作詞家です。その売野さんと永チャンとの出会いは、売野さんからの強烈なアプローチにあったそうです。永チャンは、そもそも売野さんにとって〝僕がもっとも詞を書きたかったミュージシャンだった〟そうですが、どうしても接点がなく作詞のオファーも来ない。

ならば！　と考え抜いた売野さんは、原稿用紙14枚の手紙を永チャンに送りました。もちろんそこには、「矢沢さんに歌ってほしい歌」として、『SOMEBODY'S NIGHT』も書かれていました。「無視されて当然」と、さほど期待していなかった売野さんに、しばらくして永チャンから返事が届きます。

「こういう大人の歌を歌いたかったんですよ。ぜひ一緒にやりましょう！」

それが永チャンからの返事でした。二人の関係はそこからのスタートです。当時、売野さんはかなりの売れっ子。人脈を使えば永チャンに辿り着くことは容易だったでしょう。が、彼はそれをしなかった。手紙というアナログな手段を使って、永チャンの気持ちをとらえました。ファンとして、余計な虚飾を脱ぎ捨て、ただの一人の男として手紙を書きました。これこそが永チャンの気持ちを動かし、その後の快進撃につながるわけです。

私たちはどうしてもラクをしたがる生き物です。苦労は避けて通りたい。が、**本当の出会いとは、ラクをしたいという発想からは決して生まれません。**

どうすれば〝本気〟が伝わるか？　それを真剣に考えたときに、初めて伝わるものなのです。

逆説の思考法

矢沢永吉でさえ、手紙に心を打たれた

51

アナウンサーになれ！

「人脈」という言葉をよく耳にします。

セミナーなどに参加する理由として、「人脈をつくりたい」というのも多いらしいです。懇親会などでよく目にするのが、名刺入れを片手に飛び回っている参加者の姿。「お名刺、頂戴できますでしょうか？」と、ペコペコしながら相手構わず名刺をばらまいています。１００枚ではきかないくらいの枚数を抱えて……正直言って痛々しいです。そんな「街頭でティッシュやチラシを撒くようなやり方」で、人脈などできるものでしょうか？

そういうやり方をしている人にはこう言いたい。

「あなたが、真に求めている人は、その場にはいません。その姿こそが人脈づくりを拒否しているんですよ」と。相手が誰かもわからずに、じゅうたん爆撃のようなやり方をして、本当によい関係ができるとは思えません。

少なくとも、私はそんなやり方はしません。私だったら、主催者にちゃんと申し入れをして、「こんな感じの仕事をしている人は来ていませんか?」とか、「こんな人に会いたいんだけど、どの方が相応《ふさわ》しいですか?」くらいのことは訊きます。

余裕があれば主催者にお願いをして、マイクを借りて壇上に上がって自己紹介をし、「共通のテーマについて、語り合いたいんですが!」と呼びかける。

これがアナウンス法です。つまり「呼びかけ」。それをすればかなりの確率で、本当に会いたい人に出会えます。**関心のある人だけが寄ってきてくれます**。

そのほうが断然に効率がよいし、相手の方にとっても悪い気はしないはずです。

じつは、ある懇親会の場で事務局を通じてこの方法で私に会いに来られた方がいて、その方とは今かなりよい感じの関係を続けさせていただいています。

「中山さんのやり方を真似たら、続々と会いたい人に会えています!」

と彼女は言います。

「最初はかなり恥ずかしかったけれど、でも勇気を振り絞ってやってみたら二度目からはそうした羞恥心も取れてうまくいっています！」

これをやることで、会場にいる〝彼女と同じような悩みを持つ人〟が近づいて来てくれ、帰りには一緒に飲みに行ったりもするそうで、劇的に出会いが変わったと言っていました。

当然です。だって実際に私がやってみてうまくいった方法だからです。

でも……これ、実際にやる人って本当に少ない。これだけ確たる方法があるのにもかかわらず、やりもしないで、結局「人脈ができない！」と言う。意味がわかりません。

人脈はタダではつくれません。投資と闘志が必要です。

知恵と工夫を投資し、勇気を持って闘志をぶつける！

これができる人だけが、真の人脈に辿り着けるのです。

逆説の思考法

主催者のマイクを借りてしまえ

スキルを、得よ！

Chapter 6

52

本から得たフレーズをキラーパス！

子どものころ、夏休みの宿題の定番と言えば読書感想文でした。

得手不得手はあると思いますが、読書のあとに文字で記録を残すことには意味があります。「あとでこの本の感想文を書かなければならない」と思えば、重要そうなポイントを意識しながら読み進めます。気になるところに線を引いたり、付箋を貼ったり、何かしら工夫もするでしょう。

感想文を書くときは、それらを重点的におさらいし、要約するので記憶が定着します。

私は会社員時代、本を読んで「これは面白い」「営業トークに使えそう」と思った箇所にラインを引き、アシスタントにベタ打ちしてもらっていました。一番多いときでＡ４用紙７〜10ページくらいになったと思います。そして、**その出力紙を常に持ち歩いていました。**

あるとき、取引先の営業局長とお酒を飲んでいた席で読書の話題になり、例の出力紙を披露しました。それを見た瞬間、局長の目の色が変わりました。

「中山ちゃん、これすごいね。ぜひ売って！」

これにはビックリしました。私は自分のために、自分だけの抜粋ノートをつくっていたのに、まさか売ってほしいと言われるなんて。

嬉しいけれど、ベタ打ちしただけのメモを局長に売るわけにもいかないから、「差し上げますよ」と返したところ、局長はこう言いました。

「誰もがビジネス書や話題の本を読みたいと思っているけれど、読書が苦手な人もいるし、読む時間も充分にとれない。でもこのノートがあれば、実際に読んでいなくても会話についていける。自分だけじゃなく部下にも読ませたい」

さらに、こう続けました。

「このノートをつくるために、中山ちゃんは時間や書籍代を投資しているのだから、タダでも

らうわけにはいかない。どんどん新しいビジネス書も出ることだし、毎月新しい抜粋ノートをつくってもらって、月額20万円でどう?」

著作権があるので、このような抜粋ノートで商売をしてはいけません。

しかし、自分が読書をしたあとに気に入ったセンテンスを抜き出し、自分のために持ち歩く分には問題ありません。

局長が買ってでも欲しがったのは、営業トークや朝礼のスピーチに活用でき、部下の育成や若手の研修でも使えると思ったからですが、自ら「抜粋ノートをつくる!」という意識を持って読めば重要なポイントを見つける目も養うことができます。

抜粋ノートをまとめるプロセスはちょっと手間がかかります。でも、その分の効果はあります。ぜひ実践してみてください。

逆説の思考法

「読書感想文」を常に持ち歩こう

本なんて「合わない」と思ったら、最初の5ページで捨てちゃえばいいんだよ！

情報や知識を手に入れるために本は重要です。

私も多い年は、年間400冊以上は読んでいました。本や著者にも必ず相性というものがあります。何となく合わない、どことなくしっくり来ない、そう感じたらその直感はかなりの確率で当たっています。

でも、自分のお金で買った本。1000～2000円は決して少ない金額ではありません。

だから、「もったいないな」と執着してしまう。これがじつはクセ者、百害です。

私自身この執着に負けて、もったいないという思いをエンジンに最後まで無理して読んだことが何度もありました。そして必ず後悔しました。

「時間の無駄だった……」

これは一度として例外はありません。最初の5ページで何らかの違和感とか齟齬《そご》を脳が感じ取る。人間の脳は優秀で、じつに正確。外れないのです。だから……捨てましょう。読み始めてすぐに感じた違和感は多くの場合、最後まで払拭されることはありません。つまり読み損です。時間と労力の無駄です。だから最初の5ページで捨てることが肝心です。

読書の話として書いていますが、じつは自分に置き換えてみるのも大事です。

どういうことかと言えば、「**あなたの書いた文章も、最初の出だしで嫌われているかもしれない！**」ということです。

最初の数行で捨てられないように、読ませる工夫をしなければいけません。

逆説の思考法

最初の数行で嫌われないように

予測力、ある？

仕事において重要なことの一つに、〝予測力〟があると私は思っています。

別に、「多変量解析を使いこなせ！」というのではなく〝**悪いことを思い描く能力**〟です。

たとえば経営者の場合、なんでも順調にいく（はずだ！）と、ポジティブシンキングな人がいますが、そういう人は転びやすい。気持ちの準備ができていないから、すべる。

最悪、会社が潰れるとしたらどういうことが起こったときか？　そこをイメージできて随時手を打てる人が、優秀な経営者です。

作業を請け負ったりする人の場合も同様。悪いこと、よくないことを、どれだけ想定できるかが大事で、その〝起こり得る最悪のこと〟に対してきちんと手を打つ。つまりフェールセーフ（安全装置のようなもの）がどこまで用意されているのかがポイントになります。

卑近《ひきん》な話ですが、「宅配便を送っておいて！」と頼まれて、手早く発送するだけ人は普通の人。本当に優秀な人は〝万一届かなかった場合、どういう手を打つか！〟をイメージし、そのための準備をしています。それも無意識のうちに。

もちろん、この〝見えない努力、知られない工夫〟が陽の目を見ることは少ないですし、ないほうがいいですが、このシミュレーションをしておくことで必ず血となり肉となります。

信頼される人とは、こうした〝開けもしない引き出し〟をたくさん持っている人で、その引き出しが、じつはとても大きな厚みとなって人に届きます。

見えない努力は認められにくい。でもそれを捨てて、手軽で安直なほうに走った瞬間に、引き出しは消えてなくなる。見えない努力を厭《いと》わないでほしいものです。

逆説の思考法

努力は見せない

「刺さったまま抜けない言葉」を発せよ！

今から11年前、私は著者デビューしました。

右も左もわからないまま、まさにあれよあれよという間に処女作が出て、自分自身、呆然としていました。

そんなある日、仲間たちとの飲み会がありました。

そこで大親友のNさんがこう言って、乾杯をしてくれたのです。

「**未来のベストセラー著者に乾杯！**」

そのとき、私の心のどこかにカチッとスイッチの入る音が聞こえました。

「メッセージを本を通して発信し、世の中の役に立つこと。それがお前の使命だよ！」

という声が聞こえた気がしたのです。

残念なことに、私のデビュー作はさほど売れませんでした。

でもその本を、ある出版社の編集者が見つけてくれ、そのアプローチから、『バカ売れキャッチコピーが面白いほど書ける本』（KADOKAWA）が生まれ、私は曲がりなりにも、ベストセラーの著者になることができました。

Nさんとは今もしょっちゅうお酒を飲む仲ですが、このことを口にすると、彼は「そんなこと言いましたっけ？　全然覚えていません！」と照れてみせます。

以降、気づけば35冊の本を書いてきました（この本で36冊目です）。売れたのもあれば、まったく売れないものもあります。

書いても書いてもヒット作が出ない時期、正直、本を書くのはやめようかと思ったこともありました。いくら書いても売れないのでは、出版社にも申し訳ないし、応援してくれる仲間たちにも顔向けできない。そう感じたこともありました。

でも、あの日のNさんの言葉があったから、私はこの思いを維持、継続できたのだと思うのです。

私にとって、あの日のNさんの言葉は、

〝ずっと心に刺さったまま抜けない言葉〟

でした。あの言葉があったからこそ、私はめげずに書き続けることができたし、今こうして
この文章を書いています。

「言葉のチカラは偉大だ！」と言いますが、まさにそう思います。痛感します。

そんな〝抜けない言葉〟を私も発し続けていこうと思います。

逆説の思考法

言葉は心に刺すものだ

56

男脳・女脳を使い分けよう！

買いものをする際、男性と女性では大きな違いがあるようです。

男性は基本的に〝支配〟を重視します。

たとえば自動車やパソコンなどを手に入れたときに意識するのは、いかに使いこなすか？　だから購入を検討する際に重要なのはスペック情報、つまり性能や仕様です。

「商品のポテンシャルを最大に引き出す！」などという表現は、まさに支配を前提に物事を考える男性ならではの発想です。

女性はこれとはまったく違って、〝共生〟を重視します。

使いこなすよりも「一緒に住む！」「一緒に暮らす！」という感覚です。

ですからそんな女性に〝スペック〟をいくら語りかけても意味はありません。

それよりもデザインや色、商品にまつわる物語など、〝人に語れる材料〟が欲しい、見ていて気持ちのよくなる情報が欲しいのです。その商品が自宅にやってくると、暮らしの雰囲気がどう変わるか？　を伝えないといけません。

量販店のパソコン売り場で実際に見かけた事例を紹介しましょう。

真面目そうな若い店員さんが、若い女性客に向かって「このパソコンはＣＰＵがこうで、処理速度がああで、隣のパソコンは……」と一生懸命に商品説明をしていました。

彼の前にいるのは花柄のワンピースを着た若い女性客。

「はぁ、そうですか」と相槌を打つものの、一向に決まりません。

そこにベテランの店員さんが入ってきて「お客さまはピンクがお好きなんですね。ピンク色のパソコンは2種類ありますが、こちらのほうが角も丸くて可愛らしいですよ」と説明したところ、女性は笑顔で「これにします！」と即決しました。

完璧な商品説明をしたのは若い店員さんのほうですが、成約に至りませんでした。

ベテランの店員さんは情報量こそ少ないですが、服装や持ち物を参考に「ピンク」「角が丸い」「可愛い」という適切なキーワードを提供します。そこから彼女は自分がパソコンを使っているシーンを思い描いたのでしょう、あっさりと決断しました。

この男脳・女脳の違いを無視してビジネスをしたり、文章やキャッチコピーを書いても、多くの場合、徒労に終わります。

男性に向けて女性が求めるような情報をいくら与えても無意味ですし、女性に男性が喜ぶスペックや機能を語っても仕方がないのです。

この根本を踏まえて、ビジネスをおこなっていく必要があるということです。

逆説の思考法

男は「支配」、女は「共生」

57

文章、苦手ですか？

伝えることは難しい！　そう感じていませんか？　そう、たしかに難しいです。とりわけ、文章で伝えるのが苦手という人はとても多いです。でも、そういう人は大きな勘違いをしている場合がほとんどです。

その勘違いとは、**伝えたいという思いばかりが先行して、「何を伝えたいのか？」が決まっていない**、ということです。

たとえば、ラムしゃぶ（ラム肉のしゃぶしゃぶです）に相手を誘いたい場合……「ラムしゃぶ、食べに行きませんか？」と書いてしまう。

でもこれ、じつは間違いです。

単に、ラムしゃぶを食べに行くことが目的になっているからです。

この場合、本当に伝えなければいけないことはいくつかあるはずです。

たとえば、

- **本当においしいラム肉を、珍しい、生で食べられる貴重なラム肉を、体験してほしい！**
- **あなたのおいしそうな顔を見たいんだ！**
- **この店、知っているととても心強いと思うから、教えてあげるね！**

……とか。そんな、あなたの奥底に横たわる「思い」がちゃんと伝わらない限り、相手の気持ちは動きません。仮に予定があったとして、あなたからの誘いの優先順位は決して上がることはないでしょう。

伝えるということは「何を伝えるか？」を決めること。そこに集中することです。

自分が本当は「何を伝えたいのか？」「書くことで、どんな状態になりたいのか？」を必死で考えましょう。それがきちんと決まれば、もう80％は伝わったも同然です。

ビジネスで書く文章もこれとまったく同じです。

何を伝えたいのかが見えないまま書いている人がほとんどです。自分の側が言いたいことを一方的に書いて終わり。相手の興味、関心、メリット、都合……それを無視して、一方的に押しつけている文章のいかに多いことか。そんなものは読む側から見たら単なる自慢話で、ウザイだけです。

私たちが書く文章には、必ず笑顔の素が組み込まれていないといけません。笑顔を生み出す文章。それが書けるとあなた自身にも笑顔が増えます。書くことが楽しくなります。

文章は笑顔で書くものだし、結果、笑顔を届けられたほうがいい。

先ずは自分の笑顔！　そして読み手の笑顔！　それを生み出しましょう。

笑顔をつくる文章！　チャレンジしてみませんか？

逆説の思考法

本当は何を伝えたいのかを考えれば、自ずと伝え方は変わる

58

顧客目線にも、本物と偽物がある

〝わかりやすい顧客目線、わかりにくい顧客目線〟という話をします。

「顧客目線でやれ！」と言われます。よくよく付き合ってみると、この顧客目線は持っている人が多いです。ですがどうも、きちんと伝え切れていない。

たとえば、居酒屋さんの例で説明しましょう。

仮に、美味しい白身魚の刺身があるとしましょう。それをぜひ醤油だけでなく、塩でも食べてみてほしいとします……。

その場合、

「この○○は、お塩で食べていただくのも美味しいので、そこにある藻塩《もしお》でどうぞ！」

と言って、テーブルの端にある藻塩の容器を指し示す。

これが、じつはわかりにくい顧客目線です。

わかりやすい顧客目線は違います。

「藻塩でもどうぞ！」と言って、藻塩の容器を刺身のそばに移動して置いてあげる。

これで俄然、塩で食べてほしいという思いが強く伝わるわけです。

小さなワンアクションの違いが、大きな意思伝達の違いを生むということです。

もう一つ、別の例を挙げます。

仮に、ある店が臨時休業することにしました。常連さんは知っているかもしれないけれども、知らないお客さんもいるだろう。間違って来店してしまう人をどうやって防ぐか？

これは重大です。さて、どうするか？

電話をくれた人には、留守電で伝えよう！　これはオーケーです。

ですが、そこまでしかしない店が多いわけです。

ホームページにも大きく書いておかなければいけないのに、それも目立たない。ＳＮＳなどで少々書いてはいるだろうけど、そんなものまったく目立ちやしない。

一番重要なのはメルマガで流すことです。できれば複数回。メルマガはこちらから働きかけることができる攻めのメディアであるため、多くの人にかなりの高確率で届きます。

空振りをさせないように、不快な思いをさせないように、きちんとやれることをしっかりと全部やる。これがわかりやすい顧客目線です。

つまり、「どこかに書いてあります」というのでは足りないということです。

徹底度の問題なのです。伝えることと伝わることはまったく違います。伝わらなければ、言わなかったのと同じです。

逆説の思考法

伝わらない顧客目線は意味がない

59

言わないことは聞こえない

「仕事の依頼が来ない」→「結果、お金が乏しい」→「だから将来が不安だ」

そんなことをメルマガやブログに書いている人がいます。それを見て私は思うわけです。

「かなり努力しているのに、仕事がないのってキツイだろうな」と。で、その人のブログやメルマガから〝あるもの〟を探します。そう、見える範囲に当然〝あるもの〟が書いてあるだろうなと探すわけです。が、多くの場合それが見当たりません。

さて、その〝あるもの〟とは一体何でしょうか？

30秒だけ、考えてみてください。何となく浮かびましたか？

では答えを言いましょう。

それは……、

「○○が得意です！　○○なら自信があります！」

「××なら、ぜひ私に……」

このようなアピール文章です。

私自身、ある時期まではブログを通してマーケティングの仕事がコンスタントにやって来ていました。理由は簡単。ブログの目立つ場所に、
・問題解決のための独自のリサーチ
・売るための企画
・お客さまの気持ちをつかむコピー
大得意です！

と書いていたからです。

当時、『バカ売れキャッチコピーが面白いほど書ける本』がヒットし、私は著者として脚光を浴びていました。ですから世の中の人は中山マコト＝本を書く人という認識です。リアルの

マーケティング仕事をする人という認識は、本のヒットによってグングン薄れていきました。

「でも、それじゃ困る！　私の能力はリアルのマーケティング関連仕事でこそ活かされる」

今もそうですが、当時も強くそう感じていました。ですからアクセスも増え始めていたブログを通し、先ほどのアピールをしたわけです。

効果・反響はバッグンでした。

「中山さんって、リサーチもやるんですね？」

「販促企画とか頼めるんですよね？」

という問い合わせも多くいただきました。

当時そうしたルートから依頼が来た仕事をこなすことで、私はいくつもの成功事例をつくり出し、以降の執筆のネタとしても役立てていきました。

あのころに何もしないで、アピールもしないで、単に本の著者としてだけ生きていたら……そら恐ろしい思いでいっぱいです。

冒頭の話に戻ります。

どうして、もっとアピールしないのでしょうか？

本を書いて著者デビューしたければ、「こんな本が書けるチャンスを待っています！」と書いてみる。カメラマンとして仕事が欲しければ、「仕事が増えるプロフィール写真、撮れます！」と書いてみる。もちろん**多くの人の目に触れる部分に、**です。そこからがスタートです。

言わないことは聞こえない。

聞こえなければないのと同じ。

仕事が少ないと嘆く前に、一度この原点に立ち戻ってみてはいかがでしょうか？

逆説の思考法

夢につながることをブログやメルマガに書き込む

60

お中元・お歳暮は贈らない

お中元・お歳暮は、小売店にとって一大商戦です。

それだけに小売店の気合は大変なもので、年々商戦期が前倒しになるわ、早期予約キャンペーンが展開されるわ、ユニーク商品が登場するわ、とにかく「スゴイ!」の一言です。

ハイシーズンの数週間は膨大な贈答品が行き交いますから、会社では総務部が贈答品置き場を確保。エクセルか何かで一覧表を作成し、担当者への連絡や返送品の確認などを、システマチックに進めます。

……ということは、ですよ。

あなたが贈ったものも、「その他大勢」として扱われている可能性があるということです。贈る相手は、あなたが何かしらお世話になった方でしょう。その人はほかの人にもお世話をしているでしょうから、たくさんのお中元・お歳暮を受け取っているはずです。

想像してみてください。いかにも「デパートの特設コーナーから一括発送しました！」という風情漂う箱が、ずらりと並んでいるところを。

そんなところに埋没していいのでしょうか？　いいわけないですよね。

お中元やお歳暮はお世話になっている大切な人に、感謝の気持ちを込めて贈るのが本来です。**相手にあなたからの贈りものであることを認識させるためには、埋没シーズンは避けるべきです。**

贈りものの基本は一対一で贈ること！

まずは〝時期〟を考えましょう。相手が昇進昇格したときのお祝い、案件が決まったときのお礼など、タイミングはたくさんあります。「ありがとう　思ったときが　贈りどき」です。

もう一つ熟慮すべきは〝もの選び〟です。贈りものは、受け取った相手が心から喜ぶものでなければ意味がありません。だって、せっかく贈るのですから、相手に覚えてもらいたいでしょう？　それには目立たなくてはいけないし、相手のことを真剣に考えなくちゃいけません。

私はお酒を飲むのは外だけで、家では一切飲みません。方々でそう言っているのに、お中元やお歳暮でお酒が送られてきます。せっかくのお酒を捨てるのももったいないので、困ったときは行きつけのお店に頼んで、わざわざ持ち込みをさせてもらいます。贈った人はまさかそんなことになっているとは思わないでしょうが。

そもそも贈答品はオマケです。

お定まりのお中元・お歳暮を贈らなかったら、その人との関係性は壊れますか？　その程度でダメになる関係なんて、初めからダメです。惰性《だせい》の贈答品は誰の得にもなりません。贈るなら本当に相手が喜び、感動が生まれるものを選びましょう。

逆説の思考法

贈りもので「その他大勢」になるな

61

手土産は、会ったことのないまだ見ぬ人に渡そう

取引先に手土産を持っていくとき、何を基準に選んでいますか？

定番はそれなりの数が入った菓子の詰め合わせ。デパートの菓子売り場には、同じ菓子がぎっしり入った菓子折りや、いろいろな菓子がちょっとずつ合わさった菓子折りがあり、贈り先の人数や好みに合わせて選ぶことができます。

たまに用意が間に合わなかったのか、コンビニで菓子折りを買っている会社員の姿を見かけます。コンビニも工夫して商品開発をしていますが、どこでも買える手土産は〝そういう扱い〟になりがちです。

受け取った人は「ありがとうございます」と笑顔を見せるだろうけれど、サプライズや感動はなく、波及効果も期待できないです。

そう、手土産には波及効果が生まれるのです。そして、この波及効果が侮《あなど》れません。

私は手土産を持っていくとき、必ず相手の先を考えます。

たとえば出版社に行く場合、会う相手は編集者です。私の書いた原稿を取りまとめて、読みやすく体裁を整えてくれる人です。編集者とは常日ごろからやり取りがあり、好みもわかっているので手土産選びで地雷を踏むことはありません。

そこで、手土産を買うとき**想像を巡らせるのは編集者の先です**。

出版社には私の本が一冊でも多く書店に並ぶように、取次や直取引のある大手書店に売り込んでくれる販売営業がいます。表紙や本文のデザインをしてくれる人や原稿を校正してくれる人もいます。さらに総務や経理などの事務方の人もいます。

この人たちなくして、私の本が世に出ることはありません。とても大切な存在です。

だから手土産を買うときに考えるのです。受け取った人が、「ああ、あの中山さん！」と思ってくださるように、強く印象に残るように、心を込めて手土産を選びます。

私はそれを担当の編集者に「みなさんで召し上がってください」と渡します。編集者は営業さんたちに「中山さんからの差し入れです」と渡します。

受け取った手土産が逸品であれば、受け取った人たちの印象に残るはずですし、間接的に編集者の株も上がるはずです。そうすると、何が起こるか？

同じ会社内の別の人から、仕事の依頼が来ます。

会社は誰か一人で成り立っているのではありません。いい評判も悪い評判も、目立つことをすれば社内で噂が広まります。当然、いいほうの印象を持ってもらいたい。そうすると何かのときに「あの中山さん」を思い出してもらえます。

それが新しい仕事につながるのです。

たかが手土産、されど手土産。心を込めて選びましょう。

逆説の思考法

手土産を渡す本人ではなく、その先を見る

カメラは習ってでも上達すべし！

本書では色々な伝え方や表現方法にも言及してきましたが、カメラ（写真）は伝えたいことを伝えるための**表現技術の一つとして大きな役割を果たします**。

私のFacebookやブログには「美味しい写真」がたくさん載っています。

ランチで食べたもの、ディナーで感動したもの、ときに自作の料理写真も載せます。

酒瓶の写真や徳利《とっくり》の写真も多いです。お酒を注いだあとの徳利の口にほんの一滴垂れる〝しずく〟は結構気に入って撮っています。

なぜ写真を撮るかといえば、記録に残したいからです。

美味しかった！　楽しかった！　そんな感動を残すために写真を撮ります。

携帯電話にカメラ機能がついたことで、多くの人が写真を撮る機会は増えました。誰でも気軽に撮って、気軽にＳＮＳで公開します。

でもここからが考えものです。

カメラも進化しました。昔のカメラはピントを合わせるだけでも一苦労でしたが、いまはスマホを取り出してボタンを数回押せば、それなりの写真が撮れてしまいます。

でも、結局は〝それなり〟です。

美しく盛り付けられた美味しい料理なのに全然美味しそうに見えない、構図も悪い、妙な影が映っている、背景がイマイチ……料理に対して失礼じゃないかと思ってしまいます。

しかも、その写真は公開されます。まずそうな料理写真の拡散はお店にも迷惑です。

私は以前から独学で写真を撮っていましたが、どうしても撮りたい世界があって一念発起、プロの巨匠に師事して学びました。

撮りたいと思った被写体は、当時通っていたラウンジで働く兼業ホステスさんたちです。

彼女たちは、昼間は別の仕事を持っている人が多かったので、普段の彼女たちを写真で表現したいと思ったのです。

そのとき独学ではなく、きちんと撮る技術を身につける必要があると実感しました。写真が撮れるようになると、どんないいことがあるか。

被写体を見つめる目が養われます。

何を撮りたいのか、どういう角度で、どんな構図で撮ったら、伝えたいことが伝わるか。自分なりのテーマを見出し、その表現方法を思考するわけです。

料理の例で言えば、分厚い子持ち昆布の寿司を撮るとき、真上からカメラを向けるとペターッとした写真になりますが、少し角度をつけて斜めからカメラを向ければ、厚みや質感を切り取ることができ、豊穣《ほうじょう》で迫力ある佇《たたず》まいを表せます。

お酒のしずくの写真も同じ考え方です。

瓶やお猪口《ちょこ》を撮っても、お酒の美味しさや〝シズル感〟は表せませんから、いまにも落ちそうで落ちない、絶妙なバランスで垂れるしずくをパシャリ。しずくに光があたりキラキラと光線を放つ様子は、神々しささえ感じます。

しずくの写真を見た人から、「何か特別な機材をつかっているんですか?」と質問を受けますが、ごく普通のデジカメです。ただし一眼レフです。一眼は接写や背景のぼかしも得意なので、奥行きある写真が撮れます。

カメラは伝えたいことを伝えるための表現技術として最適です。

当然、**表現方法はたくさん知っていたほうがいい**でしょう。

文章のほうがいい場合もありますが、今はインスタグラムも人気ですし、写真は一瞬で伝わりますから、国籍も年齢も飛び越えて雄弁に語ることができます。

そこからあなたの世界は一気に広がるかもしれません。

逆説の思考法

写真は最高の表現方法の一つ

Epilogue——

人生の主導権を握ろう

常識、慣例、慣習……誰かのやった通りにやればうまくいく。

そんな一面〝も〟あります。

それに従って進めば、無難だし、安全だし、ある程度の次元までは行けるのでしょう。

でも、「それでいいのだろうか？　自分の心はそれを望んでいるのだろうか？」と、ときにはそう、自問自答してみてほしいのです。

「守破離《しゅはり》」という考え方があります。

日本での茶道、武道、芸術等における師弟《してい》関係のあり方の一つとして示すもので、成長のステップを説いたものです。

・「**守**」
まずは先達の方法をそのまま模倣《もほう》してみる。

リスクの少ない、確実な道です。

多くがこれを選ぶでしょう。

・「**破**」
そのやり方に、あなた自身の個性とかこだわりを付加してみる。

カスタマイズです。

少しの勇気を必要とするでしょう。

・「**離**」
カスタマイズした個性に、さらに変化と修正を加え、あなたしかできないものに変えていく。

オリジナル化です。

下手をすると足が震えるかもしれません。

本書にはその、最終的にはオリジナル化を目指すための62個のヒントを掲載しました。

誰かの敷いた線路の上を歩くのも一つの道です。

あなたらしさをそこに加え、歩き方、スピードを変えてみるのも一つの道。

そして、その線路を離れ、あなたしか歩けない未開の線路を敷いてみるのもまた一つの道。

どれが正解という訳ではないし、正解なんて神様ですらわからないでしょう。

ですが、あなたはこの本を手に取ってくれた。

それは心のどこかで、「離」を目指す気持ちがあったからではないでしょうか？

明日は明日の風が吹くでしょう。

でもその風は、間違いなくあなた自身が吹かせるものです。

さて、あなたはどの道を選ぶでしょうか。
どんな風の吹かせ方をするでしょうか。

変化を恐れず、線路の外に出てみませんか？

根雪の消えない住宅街の書斎にて
中山マコト

謝辞

この中山マコトにとって36冊目となる本は、フリーライター・林愛子さんとの共同作業で生まれました。彼女がいなければこの本は世に出ていなかったでしょう。

これまで私は35冊すべてを、一言一句欠かさず自分で書いてきました。が、今回は違います。なぜこのようなカタチを採ったのか？

それは「自らを客観的に見直してみたかったから……」に、ほかなりません。いくら客観性を持っていると自負してはいても、どうしても〝慣れ〟や〝無難〟の中で書いてしまうことがあるかもしれない。私はそこを恐れました。そして、私のことを優秀なライターがどうとらえてくれるか？　それを楽しむことにしました。まさに「逆説の思考法」です。

林愛子さんとの掛け合いでつくったこの本で、中山マコトの新たな一面が見いだせたと思います。その意味で林さんとの出会いは鮮烈でした。充分に実力を発揮してくれたと思います。

このスタイル、病みつきになりそうです（笑）。

あっちこっち飛び回る私の話に、嫌な顔もせず付き合ってくれた林愛子さんに感謝します。

著者プロフィール

中山マコト（なかやま・まこと）

「キキダス・マーケティング」実践者。市場調査会社勤務後、仲間たちとマーケティングコンサルティング会社を設立。1億円の売上でスタートした会社を4年で8億に拡大する。広告・販促プランナー、コピーライターとして、大手製薬メーカー、日本有数の食品メーカー、飲料メーカー、日用雑貨メーカー、コンビニチェーン本部など、多くの国内外の有力企業をクライアントとして手がける。言葉のチカラを駆使した「売らない営業法」を提唱し、”企業と顧客のコミュニケーションのズレを正すシンクロニスト”として2001年に独立。近年は、中小企業やビジネスマンに対し、戦う武器としての「言葉の使い方」をテーマに講演などをおこなっている。

著書は『「バカ売れ」キャッチコピーが面白いほど書ける本』（KADOKAWA）、『フリーで働く！と決めたら読む本』（日本経済新聞出版社）、『そのまま使える「爆売れ」コピーの全技術』（かんき出版）など、ベストセラー多数。2016年には『飲み屋の神様。—ドラッカーなんていらない。大事な事は、飲み屋の神様がぜんぶ教えてくれる！』（ヒカルランド）でビジネス小説の世界にも進出している。

9時を過ぎたらタクシーで帰ろう。
一流の人だけが知っている「逆説」の思考法

2017年3月1日　第1刷発行
2017年4月1日　第2刷発行

著　者　　中山マコト

発行人　　櫻井秀勲
発行所　　きずな出版
東京都新宿区白銀町1-13　〒162-0816
電話03-3260-0391　振替00160-2-633551
http://www.kizuna-pub.jp/

印刷・製本　モリモト印刷

ISBN978-4-907072-92-6

きずな出版